Andreas Frodl

Organisation im Gesundheitsbetrieb

Andreas Frodl

Organisation im Gesundheitsbetrieb

Betriebswirtschaft
für das Gesundheitswesen

GABLER

Bibliografische Information der Deutschen Nationalbibliothek
Die Deutsche Nationalbibliothek verzeichnet diese Publikation in der
Deutschen Nationalbibliografie; detaillierte bibliografische Daten sind im Internet über
<http://dnb.d-nb.de> abrufbar.

1. Auflage 2011

Alle Rechte vorbehalten
© Gabler Verlag | Springer Fachmedien Wiesbaden GmbH 2011

Lektorat: Guido Notthoff

Gabler Verlag ist eine Marke von Springer Fachmedien.
Springer Fachmedien ist Teil der Fachverlagsgruppe Springer Science+Business Media.
www.gabler.de

Umschlaggestaltung: KünkelLopka Medienentwicklung, Heidelberg
Gedruckt auf säurefreiem und chlorfrei gebleichtem Papier
Printed in Germany

ISBN 978-3-8349-2917-4

Vorwort

Der Rahmen für die Organisation eines Gesundheitsbetriebs ist in Form von Gesetzen, Verordnungen und Bestimmungen vorgegeben. Neben diesen *externen* Ordnungsfaktoren benötigt der Betrieb wie jedes System, in dem Menschen arbeiten, um Leistungen zu erstellen, eine *interne* Ordnung der einzelnen Arbeitsabläufe sowie Regeln, die die tägliche Arbeit bestimmen. Die einzelnen Aufgaben im Gesundheitsbetrieb sind so zu regeln, dass eine möglichst erfolgreiche und effiziente Funktionsfähigkeit erreicht wird. Dazu muss die Gestaltung der Arbeitsabläufe, die Zusammenarbeit zwischen den Mitarbeitern sowie der Einsatz der organisatorischen Hilfsmittel in ein betriebliches Ordnungssystem gebracht werden.

Das vorliegende Buch befasst sich mit den organisatorischen Grundlagen des Gesundheitsbetriebs, der Aufbau- und der Ablauforganisation, weist auf die Bedeutung der Prozessorganisation und der Organisationsentwicklung hin und zeigt die Einsatzmöglichkeiten von Organisationsinstrumenten und -techniken im Gesundheitsbetrieb auf. Mit der Behandlungs- und Hygieneorganisation werden beispielhaft organisatorische Besonderheiten in Gesundheitsbetrieben sowie die Organisation der Abfallentsorgung und des Umweltschutzes behandelt. Hinweise zur Selbstorganisation für Angehörige der Gesundheitsberufe schließen die Darstellung ab. Zur Vertiefung des einen oder anderen Verfahrens stehen am Ende des Buches Literaturhinweise zur Verfügung. Die Quellenangaben und Literaturhinweise wurden am Ende des Buches zusammengefasst, sodass keine Fußnoten den Lesefluss behindern.

Nicht immer lässt sich das im Buch Dargestellte vollständig auf eine bestimmte Situation in einer Arztpraxis oder Klinik übertragen, denn die mangelnde Vergleichbarkeit von Dienstleistungsunternehmen, Werkstattbetrieben oder Industriekonzernen – selbst innerhalb einer Branche – trifft im Grundsatz natürlich auch auf Gesundheitsbetriebe zu. Mit ca. 100 Beispielen, Abbildungen, Tabellen wurde dennoch versucht, die jeweilige Relevanz zu belegen.

Die Leserinnen mögen mir nachsehen, dass aufgrund der einfacheren Lesbarkeit durchgängig maskuline Berufsbezeichnungen verwendet wurden.

Erding, im April 2011   Andreas Frodl

Inhaltsverzeichnis

Abkürzungsverzeichnis

ABAS	Ausschuss für Biologische Arbeitsstoffe
AdöR	Anstalt des öffentlichen Rechts
ÄZQ	Ärztliches Zentrum für Qualität in der Medizin
AG	Aktiengesellschaft
AS	Abfall-Schlüssel
AVV	Abfallverzeichnis-Verordnung
BfArM	Bundesinstitut für Arzneimittel und Medizinprodukte
DAHZ	Deutscher Arbeitskreis für Hygiene in der Zahnmedizin
DGHM	Deutsche Gesellschaft für Hygiene und Mikrobiologie
DGSV	Deutsche Gesellschaft für Sterilgutversorgung
DKI	Deutsches Krankenhaus-Institut
DRG	Diagnosis Related Groups
EBM	Evidence Based Medicine
FA GES	Fachausschuss „Gesundheitsdienst und Wohlfahrtspflege"
GbR	Gesellschaft bürgerlichen Rechts

GmbH	Gesellschaft mit beschränkter Haftung
GMG	Gesetz zur Modernisierung der gesetzlichen Krankenversicherung
HVBG	Hauptverband der gewerblichen Berufsgenossenschaften
IfSG	Infektionsschutzgesetz
KdöR	Körperschaft des öffentlichen Rechts
KG	Kommanditgesellschaft
KIS	Krankenhausinformationssysteme
KTQ	Kooperation für Transparenz und Qualität
KVP	Kontinuierlicher Verbesserungsprozess
LAGA	Richtlinie der Länderarbeitsgemeinschaft Abfall
MPBetreibV	Medizinproduktebetreiberverordnung
MRSA	Methicillinresistente Staphylococcus Aureus-Stämme
MT	Medizinisch-technische Angestellte
MTRA	Medizinisch-technische Radiologieassistentin
MVZ	Medizinisches Versorgungszentrum
NWA	Nutzwertanalyse

OHG	Offene Handelsgesellschaft
OSSAD	Office Support Systems Analysis and Design
PVS	Praxis-Verwaltungs-Systeme
QMS	Qualitätsmanagementsystem
RDG	Reinigungs-Desinfektions-Geräte
REFA	REFA-Verband für Arbeitsgestaltung, Betriebsorganisation und Unternehmensentwicklung e. V. (1924 als Reichsausschuss für Arbeitszeitermittlung gegründet)
RKI	Robert-Koch-Institut
SAL	Sterility Assurance Level
SE	Societas Europaea
TRBA	Technischen Regeln für Biologische Arbeitsstoffe
UG	Unternehmergesellschaft
VAH	Verbund für Angewandte Hygiene e.V.
ZMA	Zahnmedizinische Angestellte

1   Grundlagen

1.1   Einordnung des Organisationsbegriffs in die Gesundheitsbetriebslehre

Die **Gesundheitsbetriebslehre** ist vergleichbar mit der Industriebetriebslehre, Handelsbetriebslehre oder Bankbetriebslehre: Sie befasst sich mit einer speziellen Betriebsart, den Gesundheitsbetrieben. Sie geht davon aus, dass die Ressourcen für einen Gesundheitsbetrieb begrenzt sind und daher einen ökonomischen Umgang mit den knappen Mitteln erfordern: Finanzielle Ressourcen, Kapital, Finanzierungsmöglichkeiten sowie Personal oder Behandlungseinrichtungen stehen in jeder medizinischen Einrichtung nicht in beliebiger Menge zur Verfügung. Es gilt sie so einzusetzen, dass sie den größtmöglichen Nutzen stiften.

Der **Gesundheitsbetrieb** lässt sich dabei als in sich geschlossene Leistungseinheit zur Erstellung von Behandlungs- oder Pflegeleistungen an Patienten oder Pflegebedürftigen ansehen, die hierfür eine Kombination von Behandlungseinrichtungen, medizinischen Produkten und Arbeitskräften einsetzt. Zum Einsatz können auch Betriebsmittel, Stoffe und sonstige Ressourcen gelangen, die nur mittelbar zur Erstellung der Behandlungs- oder Pflegeleistungen beitragen.

Arztpraxen, Zahnarztpraxen, Pflegeeinrichtungen, heilpraktische Einrichtungen, Krankenhäuser etc. lassen sich somit eindeutig als Gesundheitsbetriebe identifizieren. Sonstige Einrichtungen des Gesundheitswesens wie Krankenkassen, kassenärztliche Vereinigungen oder pharmazeutische Unternehmen zählen hingegen nicht dazu. Als Grenzfälle können beispielsweise Apotheken angesehen werden, da sie eher in der Arzneimitteldistribution anzusiedeln sind und selten Leistungen direkt am Patienten erbringen. Eine Krankenhausapotheke kann hingegen durch die Herstellung individueller medizinischer Produkte genauso wie eine orthopädische Werkstatt direkt in einen Krankenhausbetrieb integriert sein. Das gilt beispielsweise auch für ein in einer Zahnarztpraxis befindliches Dentallabor.

Als Beispiel für eine Auflistung von Gesundheitsbetrieben kann der Gel-
tungsbereich der *Richtlinie über die ordnungsgemäße Entsorgung von Abfällen aus Einrichtungen des Gesundheitsdienstes* (Stand: Januar 2002) des *Robert-Koch-Instituts (RKI)*, Berlin, angesehen werden, in der folgende Einrichtungen genannt sind:

■ Krankenhäuser einschließlich entsprechender Einrichtungen in Jus-
tizvollzugsanstalten und Sonderkrankenhäuser,

■ Dialysestationen und -zentren außerhalb von Krankenhäusern und
Arztpraxen einschließlich der Heimdialyseplätze,

■ Vorsorge- und Rehabilitationseinrichtungen, Sanatorien und Kur-
heime,

■ Pflege- und Krankenheime bzw. -stationen, einschließlich Gemein-
de- und Krankenpflegestationen,

■ Einrichtungen für das ambulante Operieren,

■ Arztpraxen und Zahnarztpraxen,

■ Praxen der Heilpraktiker und physikalischen Therapie.

Die Gesundheitsbetriebe lassen sich ferner nach unterschiedlichen Merkmalen in folgende Arten einteilen (siehe Tabelle 1.1):

Tabelle 1.1   Typologie von Gesundheitsbetrieben.

Merkmale	Betriebsarten	Beispiele
Größe	Kleinbetriebe, Großbetriebe	Arztpraxis, Polyklinik
Rechts-form	Betriebe in öffentlicher Rechtsform, als Personen- oder Kapitalgesellschaft	Landkreisklinik als Eigenbe-trieb, Gemeinschaftspraxis, Klinikum AG
Leistungs-umfang	Betriebe mit ambulanter Versorgung, Betriebe mit stationärer Versorgung	Tagesklinik, Tagespflege, Krankenhaus mit verschie-denen Abteilungen bzw. Stationen

Merkmale	Betriebsarten	Beispiele
Leis-tungsart	Betriebe für medizinische Grundversorgung, Vollver-sorgung	Hausarztpraxis, Pflegedienst, stationäre Pflegeeinrichtung
Speziali-sierungs-grad	Betriebe für allgemeine Behandlungsleistungen; Betriebe für spezielle Be-handlungsleistungen	Allgemeinarztpraxis, HNO-Praxis, Kieferorthopädische Praxis, Augenklinik
Einsatz-faktoren	Arbeitsintensive Betriebe, anlagenintensive Betriebe	Pflegeeinrichtung, Diagnose-zentrum, Röntgenpraxis

Die einzelnen Betriebsarten oder -typologien sind nicht immer eindeutig voneinander abgrenzbar: Häufig bieten beispielsweise Spezialkliniken ambulante und stationäre Behandlungsleistungen gleichzeitig an, und ein städtisches Klinikum der Vollversorgung wird in der Regel sowohl arbeits- als auch anlagenintensiv betrieben. Ein Blick auf die Anzahl ausgewählter Gesundheitsbetriebe macht deutlich, welche Bedeutung sie für die betrieb-liche Landschaft Deutschlands haben (siehe Tabelle 1.2).

Tabelle 1.2   Anzahl ausgewählter Gesundheitsbetriebe in Deutsch-land im Jahre 2007 (Quelle: Statistisches Bundesamt).

Betriebe	Anzahl	Mitarbeiter
Krankenhäuser	2.087	1.075.000
Vorsorge- oder Rehabilitationseinrich-tungen	1.239	159.000
Arztpraxen	125.745	662.000
Zahnarztpraxen	46.178	336.000
Pflegedienste ambulant	11.529	236.162
Pflegeeinrichtungen stationär	11.029	573.545

Zählt man die statistisch kaum erfassten und daher in Tabelle 1.2 nicht aufgeführten Betriebe von Beschäftigungs- und Arbeitstherapeuten, Hebammen/Geburtshelfern, Heilpraktikern Masseuren, medizinische Bademeistern, Krankengymnasten, Psychotherapeuten etc. hinzu, kommt man auf über 200.000 Einrichtungen mit mehr als 3.000.000 Mitarbeitern.

Der Gesamtumsatz aller Gesundheitsbetriebe lässt sich am ehesten anhand der Gesundheitsausgaben aller Ausgabenträger (öffentliche Haushalte, private Haushalte, gesetzliche und private Kranken- und Pflegeversicherung usw.) ermessen, die nach Angaben des *Statistischen Bundesamtes* 2008 über 263 Milliarden Euro betragen haben.

Die Gesundheitsbetriebslehre wählt die Perspektive eines einzelnen Gesundheitsbetriebs. Ihre Ziele liegen dabei nicht nur die Beschreibung und Erklärung betriebswirtschaftlicher Sachverhalte und Phänomene, sondern auch in der konkreten Unterstützung der betrieblichen Entscheidungsprozesse.

Sie versucht dabei, betriebliche Sachverhalte zu erläutern, Zusammenhänge zu erklären und aufgrund des Aufzeigens von Handlungsalternativen und deren Bewertung Gestaltungsempfehlungen zu geben.

Berücksichtigt werden dabei verschiedene Einsatzfaktoren, die unmittel- oder mittelbar zum Erstellungsprozess von Gesundheitsleistungen beitragen, wie beispielsweise:

- die menschliche Arbeitsleistung am Patienten,

- der Einsatz von medizintechnischen und sonstigen Betriebsmitteln,

- die Verwendung von medikamentösen, medizinischen, pharmazeutischen Heilmitteln und sonstigen Stoffen.

Neben diesen Elementarfaktoren gibt es *dispositive* Faktoren (Arbeitsleistungen im Bereich von Leitung, Planung, Organisation Kontrolle usw.) oder weitere Faktoren, die beispielsweise als

- Leistungen von Dritten,

- immaterielle Leistungen (Rechte, Informationen usw.),

■ Zusatzleistungen

in den Leistungserstellungsprozess eingehen.

Insofern muss die Gesundheitsbetriebslehre versuchen, auch in ihrer Bandbreite das betriebswirtschaftliche Geschehen möglichst vollständig zu erfassen. Sie erstreckt sich daher neben Teilgebieten, wie beispielsweise Planung, Finanzierung, Personal, Marketing, Kostenmanagement, Information, Steuerung und Kontrolle auch auf die gesundheitsbetriebliche Organisation. Deren Aufgabe ist es, dem Gesundheitsbetrieb neben der Aufbaustruktur eine Ordnung der einzelnen Arbeitsabläufe sowie Regeln, die die tägliche Arbeit bestimmen, zu geben. Die einzelnen Aufgaben im Gesundheitsbetrieb sind so zu organisieren, dass eine möglichst erfolgreiche und effiziente Funktionsfähigkeit erreicht wird. Dazu müssen die Gestaltung der Prozesse, die Zusammenarbeit zwischen den Mitarbeitern sowie der Einsatz der organisatorischen Hilfsmittel in ein betriebliches Ordnungssystem gebracht werden.

1.2 Gegenstand der gesundheitsbetrieblichen Organisation

In einer dienstleistungsorientierten Einrichtung wie dem Gesundheitsbetrieb nimmt die betriebliche Organisation einen wichtigen Stellenwert ein. Der Arzt ist beispielsweise in seiner Arztpraxis nicht nur behandelnder Mediziner, vielmehr ist er auch Manager seines Praxisbetriebs. In dieser Funktion hat er umfangreiche organisatorische Aufgaben wahrzunehmen: Einerseits besteht gerade vor dem Hintergrund aktueller Gesundheitsreformen im Gesundheitswesen und eines zunehmenden Kosten- und Konkurrenzdruckes die Notwendigkeit, den Gesundheitsbetrieb als effizient und effektiv arbeitenden Betrieb zu organisieren. Andererseits erscheint es auch zunehmend wichtig, in einem scheinbar gut funktionierenden Gesundheitsbetrieb aufgrund der sich immer häufiger ändernden Rahmenbedingungen vorherrschende Strukturen zu überdenken und diese gegebenenfalls anzupassen oder abzuändern. Zur langfristigen Sicherung des wirtschaftlichen Erfolgs muss der Gesundheitsbetrieb möglichst orga-

nisatorisch effizient, kostenbewusst und konkurrenzfähig arbeiten. Auch
ist es heutzutage nahezu unverzichtbar, den Gesundheitsbetrieb nach mo-
dernen, die Akzeptanz steigernden Gesichtspunkten zu organisieren. Die
gesundheitsbetriebliche Organisation trägt somit nicht nur dazu bei, die
Arbeitsprozesse für die Mitarbeiter stressfreier und einfacher zu gestalten,
sondern auch darüber hinaus den Gesundheitsbetrieb attraktiver und
patientenfreundlicher erscheinen zu lassen.

Für das wirtschaftliche und zielgerichtete Management eines Gesundheitsbetriebs werden moderne und innovative Organisationsstrukturen benötigt. Oft herrschen jedoch vielfach gewachsene Strukturen vor, die teilweise
durch Bürokratismus, Dokumentationspflichten, mehrfache bzw. unnötige
Kontrollen, fehlende Verantwortlichkeiten, Versagensängste, hohe Res-
sourcenverbräuche oder Besitzstandswahrung geprägt sind. Das Festhalten
an diesen Strukturen blockiert häufig notwendige, innovative Entwicklungen in der gesundheitsbetrieblichen Organisation. Gerade jedoch Gesundheitsbetriebe müssen angesichts der stetigen Umwälzungen und Sparmaß-
nahmen im Gesundheitswesen ihre Organisation zukunftsgerichtet gestalten, um beispielsweise fallweise Regelungen durch generelle Anweisungen
zu ersetzen, zweckmäßige Abfolgen von Arbeitsstufen zu erzielen, Instanzen abzubauen und unnötige Bürokratien zu vermeiden, für eine ausreichende Ausstattung mit Ressourcen zu sorgen, gleichartige Aufgaben zu
einer fachlichen und räumlichen Einheit unter einheitlicher Leitung zu-
sammenzufassen, unnötige Schnittstellen zu vermeiden, lange und um-
ständliche Weisungs- und Informationswege zu beseitigen und eine Über-
einstimmung von Verantwortung und Kompetenz zu erreichen. Aufgrund
des verschärften Kostendrucks sind die Gesundheitsbetriebe mehr denn je
dazu gezwungen, Wirtschaftlichkeits- und Rationalisierungspotenziale
auszuschöpfen, um eine patientengerechte medizinische Versorgung unter
Beibehaltung eines hohen Qualitätsstandards zu gewährleisten.

Die Optimierung der Ablauf- und Aufbauorganisation eines Gesundheitsbetriebs ist ein wichtiger Beitrag zur Sicherung seiner Zukunftsfähigkeit.
Das Auffinden von Schwachstellen und eine mögliche spätere Neumodel-
lierung der Organisationsprozesse führen gleichzeitig zu einer verbesser-
ten Einhaltung von Qualitätsstandards in Behandlung und Pflege sowie zu
einer möglichen Realisierung von Kostensenkungen. Wenn die betrieblichen Prozesse und Strukturen definiert, optimiert und für jeden Mitarbei-

ter im Gesundheitsbetrieb transparent sind, erhöht dies gleichzeitig den Servicegedanken und damit die Akzeptanz bei den Patienten.

Die für die Behandlung von Patienten erforderlichen Leistungen und Inputfaktoren sind in der Regel nicht genau planbar und können im Verlauf des Behandlungsprozesses häufig auch erst kurzfristig vom medizinischen oder pflegerischen Personal angefordert werden. Da die Unsicherheit in quantitativer und terminlicher Hinsicht für viele der zu erbringenden Behandlungs- und Pflegeleistungen entsprechend hoch ist, bedarf es angemessener Ressourcen und Kapazitäten, die vorzuhalten sind, um bei Bedarf auf die jeweiligen Anforderungen reagieren zu können.

Die Reformversuche im Gesundheitswesen werden jedoch in vielen Fällen lediglich unter monetären Aspekten diskutiert, und eine Steuerung wird oft ausschließlich über quantitative Faktoren wie Leistungskürzungen, Einnahmesteigerungen, Personalabbau etc. vorgenommen. Der Versuch, die Zukunft des Gesundheitsbetriebs als lernende Organisation zu gestalten, setzt jedoch in vielen Fällen Strukturanpassungen, verstärkte interdisziplinäre Zusammenarbeit und eine nachhaltige Organisationsentwicklung voraus, bei denen der Patient und seine Gesundheit im Mittelpunkt stehen. Organisatorische Vorteile werden sich in erster Linie die Gesundheitsbetriebe erarbeiten, die in den Bereichen Prozessführerschaft, Patientenorientierung und Qualitätsexzellenz die eigenen Ressourcen effektiver mobilisieren, schneller auf Veränderungen reagieren, sich von veralteten Konzepte konsequenter verabschieden, neue Entwicklungen konsequenter umsetzen sowie Frustrationen, Überforderungen und Verunsicherungen der Mitarbeiter trotz steigender Anforderungen besser auffangen können.

Motto des *Herbst-Kongress 2010* des *Deutschen Krankenhaus-Instituts, DKI*: „Krankenhäuser am Puls der Zeit – Rahmenbedingungen, Chancen, Risiken, Perspektiven und Visionen: Jedes Unternehmen Krankenhaus, ob Maximal-, Schwerpunkt-, Regel- oder Grundversorger, ist in der Pflicht, tragfähige Strukturen zu schaffen und nachhaltige Strategien zu entwickeln, um die Versorgung der Patienten sicherstellen zu können. Die aktuelle Lage fordert die Akteure heraus: Der demografische Wandel der Gesellschaft einerseits, die sich durch Politik und Wirtschaft signifikant verändernden Rahmenbedingungen andererseits sowie explodierende Kosten und sinkende Etats erlauben keinen Stillstand. Krankenhäuser

brauchen motivierte Entscheider, die Chancen erkennen, Strategien entwickeln und die Umsetzung von Neuem wagen! Und es gibt bereits innovative Konzepte, die die Versorgung von Patienten heute und in Zukunft möglich machen!"

1.3 Definition und Bedeutung organisatorischer Anforderungen in Gesundheitsbetrieben

Zum Begriff der **Organisation** haben sich im Laufe der Zeit eine ganze
Reihe von Definitionsvorschlägen ergeben. Je nach Sichtweise beschreibt
die Organisation in einem Gesundheitsbetrieb

- die Tätigkeit des Gestaltens von Behandlungs- und Pflegeabläufen und
  des Verteilens von Arbeit auf Mitarbeiter,

- eine (hierarchische) Struktur für die arbeitsteilige Zusammenarbeit in
  einem Gesundheitsbetrieb,

- ein System von Regelungen zur Verteilung von Aufgaben und Kompetenzen und zur Gestaltung von Behandlungs- und Pflegeabläufen im
  Gesundheitsbetrieb.

Bisweilen wird ein Gesundheitsbetrieb selbst auch als Organisation bezeichnet, im Sinne einer Institution, die als in sich geschlossene Leistungseinheit zur Erstellung von Behandlungs- oder Pflegeleistungen an Patienten oder Pflegebedürftigen anzusehen ist und die dazu eine Kombination
von Behandlungseinrichtungen, medizinischen Produkten und Arbeitskräften einsetzt (siehe **Abbildung 1.1**).

Der Gesundheitsbetrieb stellt somit einerseits als Organisation ein soziales
Gebilde aus Ärzten, Pflegekräften, Hebammen, MTA, Zahnmedizinern,
Heilpraktikern, Verwaltungsangestellten, ZMA oder anderen Angehörigen
des Gesundheitswesen dar, die in arbeitsteiligen Prozessen zusammenar-
beiten, andererseits ist er gleichzeitig als Institution eine Einrichtung des
Gesundheitswesens zur Erbringung von Behandlungs- bzw. Pflegeleistungen.

Abbildung 1.1   Gesundheitsbetrieblicher Organisationsbegriff.

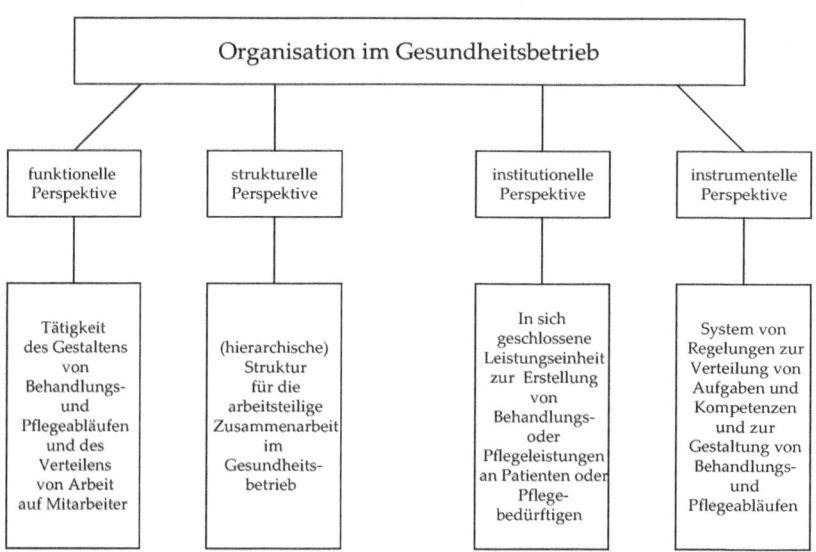

Erweitert man diese eher traditionelle Sichtweise der Organisation eines Gesundheitsbetriebs mit dem Ziel einer verstärkt managementorientierten Definition, so gelangt man zu der Auffassung, dass die Organisationsstruktur eines Gesundheitsbetriebs alle Regelungen, Arbeitsabläufe und Maßnahmen umfassen sollte, die zu seiner erfolgreichen Führung dienen und die gewährleisten, dass mit ihr die Zielsetzungen des Gesundheitsbetriebs erreicht werden. Eine möglichst erfolgreiche und effiziente Funktionsfähigkeit wird maßgeblich durch die Art und Weise der Gestaltung der Arbeitsabläufe, der Zusammenarbeit zwischen den Mitarbeitern des Gesundheitsbetriebs sowie durch den Einsatz der organisatorischen Hilfsmittel geregelt.

Nicht jede gesundheitsbetriebliche Organisation ist vergleichbar. Insbesondere die *funktionelle* Organisation unterscheidet sich je nach Tätigkeitsart durch die unterschiedlichen **Organisationsgrade**, die die Dauerhaftigkeit und Anlassbezogenheit der Organisation im Gesundheitsbetrieb widerspiegeln (siehe **Tabelle 1.3**).

Tabelle 1.3   Graduelle Unterschiede funktioneller Organisation in
                   Gesundheitsbetrieben.

	Improvisieren	Disponieren	Strukturieren
Ziele	Flexibilität,	Flexibilität,	Stabilität,
	Problemlösung	Wirtschaftlichkeit	Wirtschaftlichkeit
Regelungsart	spontan	ereignisabhängig	dauerhaft, generell
Vorgangsart	einmalig	mehrmalig	ständig
			wiederholend
Planungsart	einzelfallorientiert	fallweise	grundsätzlich

> Das Aufstellen eines Hygieneplans hat das Ziel einer dauerhaften, gene-
> rellen und grundsätzlichen Strukturierung der sich wiederholenden Hy-
> gienearbeiten. Die medizinische Versorgung beispielsweise nach einem
> Verkehrsunfall verlangt zunächst eher nach flexiblen, einzelfallorientier-
> ten Problemlösungen, die sich nach der jeweiligen Unfallsituation rich-
> ten (Zahl der Verletzten, Art der Verletzungen etc.), wobei das Notfall-
> management insgesamt wiederum nach genau strukturierten Vorgaben,
> Zuständigkeiten, Einsatzaufgaben etc. abläuft.

Die **Organisationsprinzipien** beschreiben in diesem Zusammenhang, wie
die Organisation des Gesundheitsbetriebs beschaffen sein soll und nach
welchen Grundsätzen sie ausgerichtet sein muss:

- *Klarheit*: Die organisatorischen Regelungen müssen für die Mitarbeiter
  des Gesundheitsbetriebs eindeutig erkennbar und nachvollziehbar sein,
  da Unklarheiten zu Verzögerungen, Rückfragen und Fehlern führen.

- *Zweckmäßigkeit*: Die organisatorische Regelungen müssen den Zwecken
  des Gesundheitsbetriebs dienen und an seine betrieblichen Bedürfnisse
  angepasst sein, um einerseits eine Überregulierung und andererseits
  eine fehlende Ordnung zu vermeiden.

- *Stabilität und Flexibilität*: Die organisatorischen Regelungen müssen
  einerseits eine beständige, dauerhafte Strukturierung garantieren und
  andererseits aber auch notwendige Veränderungen und Anpassungen
  der Prozesse im Gesundheitsbetrieb ermöglichen.

■ *Wirtschaftlichkeit*: Die organisatorischen Regelungen müssen zum wirtschaftlichen Erfolg des Gesundheitsbetriebs beitragen, indem sie dazu führen, dass ein gegebener Ertrag mit möglichst geringem Aufwand oder ein möglichst maximaler Ertrag mit einem gegebenen Aufwand erreicht wird.

Um eine bakterielle Infektion zu bekämpfen, wird dem Patienten ein Antibiotikum verordnet. Die Dosierung und der Einnahmezeitraum sind genau vorgegeben. Mit dem Einsatz eines bakterizid wirkenden Penicillins sollen möglichst alle Bakterien abgetötet werden. Einerseits handelt der Arzt im Beispiel nach dem Minimalprinzip, denn er wird versuchen, den gewünschten Erfolg zunächst mit einer möglichst geringen Dosierung zu erreichen. Andererseits versucht er mit dem vorgegebenen Medikamenteneinsatz eine größtmögliche Verbesserung des Gesundheitszustands zu erzielen.

2   Gesundheitsbetriebliche Aufbauorganisation

2.1   Bildung von Stellen im Gesundheitsbetrieb

Im Rahmen der Organisationsgestaltung des Gesundheitsbetriebs klärt die **Aufbauorganisation** wer im Gesundheitsbetriebs wem was zu sagen hat, wer für was verantwortlich ist oder wer in welchem Vorgesetzten- bzw. Untergebenenverhältnis zueinander steht. Ihre Aufgabe ist es, durch sinnvolle arbeitsteilige Gliederung und Ordnung der Prozesse im Gesundheitsbetrieb festzulegen, welche Aufgaben von welchen Mitarbeitern und mit welchen Sachmitteln bewältigt werden, wobei sie die Verteilung der Aufgaben in der Regel mithilfe eines hierarchischen Gefüges erreicht.

Zur Strukturierung der Aufbauorganisation des Gesundheitsbetriebs ist zunächst eine **Stellenbildung** vorzunehmen. Hierzu wird zunächst in einer **Aufgabenanalyse** eine schrittweise Zerlegung oder Aufspaltung der Gesamtaufgabe des Gesundheitsbetriebs in ihre einzelnen Bestandteile anhand von alternativen Gliederungsmerkmalen wie Verrichtung, Objekt, Rang, Phase, Zweckbeziehung durchgeführt. Eine Analyse nach Verrichtungen gliedert die Aufgaben nach Tätigkeitsarten, wie beispielsweise die Beschaffung von medizinischem Verbrauchsmaterial als Aufgabe in: Angebotsvergleich, Auftragserteilung, Rechnungskontrolle, Bezahlung. Bei der Objektanalyse wird davon ausgegangen, dass jede Verrichtung an einem Objekt vorgenommen werden muss. In unserem Beispiel können das medizinische Kataloge, Auftragsfax, Rechnung, Überweisungsträger sein. Bei der Analyse des Ranges wird dem Umstand Rechnung getragen, dass jeder Ausführungsaufgabe eine Entscheidungsaufgabe vorausgehen muss: Entscheidung über die Materialbeschaffung – Beschaffung des Materials. Die Entscheidungsaufgabe ist der Ausführungsaufgabe vor- und übergeordnet, wobei dies jedoch nicht unter zeitlichen, sondern unter qualitativen Aspekten zu sehen ist. Bei der Phasenanalyse wird davon ausgegangen, dass eine Aufgabenerledigung üblicherweise in den Phasen

Planung, Durchführung und Kontrolle erfolgt: Planung der Materialbeschaffung, Beschaffen des Materials, Kontrolle der Materialbeschaffung. Schließlich kann bei der Zweckbeziehungsanalyse die Gesamtaufgabe in Zweckaufgaben zerlegt werden, die primär und unmittelbar den Zielen des Gesundheitsbetriebs dienen und Verwaltungsaufgaben, die nur sekundär und indirekt den Zielen des Gesundheitsbetriebs nützen: Behandlungsleistung als Zweckaufgabe und Gehaltsabrechnung der Mitarbeiter als Verwaltungsaufgabe (siehe **Tabelle 2.1**).

Tabelle 2.1   Aufgabenanalyse am Beispiel der Beschaffung von medizinischem Verbrauchsmaterial.

Gliederungs-merkmal	Beschreibung	Beispiel
Verrichtung	Gliederung der Aufgaben nach Tätigkeitsarten.	Angebotsvergleich, Auftragserteilung, Rechnungskontrolle, Bezahlung.
Objekt	Zuordnung der Verrichtung zu Objekten.	Medizinische Kataloge, Auftragsfax, Rechnung, Überweisungsträger
Rang	Jeder Ausführungsaufgabe geht eine Entscheidungs-aufgabe voraus.	Entscheidung über die Material-beschaffung – Beschaffung des Materials
Phasen	Aufgabenerledigung erfolgt üblicherweise in den Phasen Planung, Durchführung und Kontrolle.	Planung der Materialbeschaffung, Beschaffen des Materials, Kontrolle der Materialbeschaffung.
Zweck-beziehung	Zerlegung der Gesamtaufgabe in Zweckaufgaben, die primär und unmittelbar den Betriebszielen dienen und Verwaltungsaufgaben, die nur sekundär und indirekt den Zielen nützen.	Behandlungsleistung als Zweckaufgabe und Materialbeschaffung als Verwaltungsaufgabe.

In der anschließenden **Aufgabensynthese** werden die in der Aufgabenana-
lyse ermittelten Einzelaufgaben so zusammengefügt, dass sie von einem
Mitarbeiter mit Normalkapazität und der erforderlichen Eignung bzw.
Übung bewältigt werden können. Das Ergebnis dieser Zuordnung wird als
Stelle bezeichnet und ist folgendermaßen gekennzeichnet:

■ Kleinste organisatorische Einheit zur Erfüllung von Aufgaben.

■ Eigenschaften: Aufgabe, Aufgabenträger, Dauer, Abgrenzung.

■ Beinhaltet den Aufgabenbereich einer Person.

■ Bezieht sich auf die Normalkapazität eines Mitarbeiters mit der erforderlichen Eignung und Übung.

■ Bezieht sich auf eine gedachte, abstrakte Person, nicht auf einen bestimmten Mitarbeiter.

Der Vorgang der Zerlegung der Aufgaben in Teilaufgaben und der Zusammenfassung zu Aufgabenpaketen soll anhand eines Beispiels aus einer Zahnarztpraxis kurz erläutert werden:

In jeder Zahnarztpraxis gibt es die Aufgabe der Materialwirtschaft. Diese Gesamtaufgabe lässt sich beispielsweise in die Teilaufgaben Materiallagerung, Materialbeschaffung, Materialpflege etc. unterteilen. Es ist
sinnvoll, einzelne Teilaufgaben – wie beispielsweise die Materialpflege –
weiter zu zerlegen, um dieses umfangreiche Aufgabengebiet auf mehrere ZMA zu verteilen. Eine einzelne ZMA wäre mit der Pflege und Wartung aller in einer größeren Praxis verwendeten Geräte und Instrumente
völlig überfordert. So lassen sich nach der Aufgabenzerlegung Aufga-
benpakete für einzelne Arbeitsplätze schnüren wie etwa die Zuständig-
keit einer ZMA für die Materiallagerung und -beschaffung, einer Auszubildenden für die Reinigung und Pflege des Behandlungszimmers
sowie der darin befindlichen Geräte und Instrumente und einer weiteren
Auszubildenden für Reinigung und Pflege des Röntgenraumes. Sicherlich lässt sich auch die Materiallagerung in weitere Teilaufgaben unterteilen wie etwa das Führen einer Materialkartei, die Überwachung der
Lagerzeiten und Ablaufdaten etc.

> Diese Teilaufgaben werden aber sinnvollerweise zum Aufgabenpaket für nur einen Arbeitsplatz zusammengefasst, damit kein Durcheinander entsteht, wenn beispielsweise mehrere ZMA gleichzeitig Materialbestellungen durchführen würden.

Im Rahmen der Stellenbildung müssen den einzelnen Stellen im Gesundheitsbetrieb als Nächstes immaterielle und materielle **Stellenelemente** zugeordnet werden (siehe Tabelle 2.2).

Zu den *immateriellen* Stellenelementen zählen: Aufgaben, Befugnisse (Entscheidung, Anordnung, Verpflichtung, Verfügung, Information), Verantwortung. Bei den Aufgaben handelt es sich um die Verpflichtung zur Vornahme bestimmter, der Stelle zugewiesener Verrichtungen, wie beispielsweise die Privat- und Kassenliquidation. Die Entscheidungsbefugnis beinhaltet das Recht, bestimmte Entscheidungen treffen zu können, ohne etwa den Chefarzt rückfragen zu müssen. Die Anordnungsbefugnis begründet das Vorgesetzten-Untergebenen-Verhältnis und somit beispielsweise das Recht einer Ersthelferin, der Auszubildenden Weisungen erteilen zu dürfen. Die Verpflichtungsbefugnis umfasst das Recht, den Gesundheitsbetrieb rechtskräftig nach außen vertreten zu können (auch: Unterschriftsvollmacht). Die Verfügungsbefugnis begründet das Recht auf Verfügung über Sachen und Werte des Gesundheitsbetriebs. Die Informationsbefugnis beinhaltet den Anspruch auf den Bezug bestimmter Informationen.

Die *materiellen* Stellenelemente umfassen die der Stelle jeweils zugeordneten Mitarbeiter und die Sachmittel. Der Aufgabenträger einer Stelle ist im Gesundheitsbetrieb in der Regel ein Mitarbeiter allein, es sein denn, mehrere Mitarbeiter sind beispielsweise einer Stelle zugeordnet (beispielsweise zwei Zahntechniker der Stelle „Eigenlabor"). Zur Erfüllung von Aufgaben der Stelle benötigen die Mitarbeiter bestimmte Eigenschaften, die in der Stellenbeschreibung dokumentiert sind. Darin sind insbesondere die Kenntnisse, Fähigkeiten und Fertigkeiten, Erfahrungen und erforderlichen Kapazitäten (Vollzeit, Halbtagsstelle etc.) festzuhalten. Zu den zuzuordnenden Sachmitteln zählen Basissachmittel, die üblicherweise zur Aufgabenerledigung benötigt werden (beispielsweise Raum, Mobiliar etc.), entlastende Sachmittel, die die Mitarbeiter bei der Aufgabenerledigung entlasten, ohne sie jedoch davon zu befreien (beispielsweise Terminplaner für die Vergabe von Patiententerminen) sowie automatische Sachmittel, die die

Mitarbeiter von der Aufgabenerledigung befreien, ohne jedoch deswegen Kontrollfunktionen und Verantwortung abzugeben (beispielsweise Krankenhausinformationssysteme (KIS), Praxis-Verwaltungs-Systeme (PVS), Heim-Software etc.).

Tabelle 2.2   Immaterielle und materielle Stellenelemente.

Art	Elemente		Beispiele
Immaterielle Stellen-elemente	Aufgaben		Verpflichtung zur Vornahme bestimmter, der Stelle zugewiesener Verrichtungen, wie beispielsweise die Privat- und Kassenliquidation.
	Befugnisse	Entscheidungs-befugnis	Beinhaltet das Recht, bestimmte Entscheidungen treffen zu können, ohne etwa den Chefarzt rückfragen zu müssen.
		Anordnungs-befugnis	Begründet das Vorgesetzten-Untergebenen-Verhältnis und somit beispielsweise das Recht, einer Auszubildenden Weisungen erteilen zu dürfen.
		Verpflichtungs-befugnis	Umfasst das Recht, den Gesundheitsbetrieb rechtskräftig nach außen vertreten zu können (beispielsweise Unterschriftsvollmacht).
		Verfügungs-befugnis	Begründet das Recht auf Verfügung über Sachen und Werte des Betriebs.

Art	Elemente		Beispiele
	Informations-befugnis		Beinhaltet den Anspruch auf den Bezug bestimmter Informationen.
	Verantwortung		Möglichkeit, für die Folgen eigener oder fremder Handlungen im Gesundheitsbetrieb Rechenschaft ablegen zu müssen.
Materielle Stellen-elemente	Aufgabenträger		Ein Mitarbeiter allein, es sein denn, mehrere Mitarbeiter sind einer Stelle zugeordnet (beispielsweise OP-Team).
	Stellenbeschreibung		Kenntnisse, Fähigkeiten, Fertigkeiten, Erfahrungen, erforderliche Kapazitäten (beispielsweise Vollzeit-, Halbtagsstelle etc.).
	Sachmittel	Basissachmittel	Werden üblicherweise zur Aufgabenerledigung benötigt (Raum, Mobiliar etc.).
		Entlastende Sachmittel	Entlasten bei der Aufgabenerledigung, ohne jedoch davon zu befreien (beispielsweise Terminplaner für die Vergabe von Patiententerminen).
		Automatische Sachmittel	Befreien von der Aufgabenerledigung, ohne jedoch deswegen Kontrollfunktionen und Verantwortung abzugeben (beispielsweise PC).

Bei der Strukturierung der Stellen im Gesundheitsbetrieb ist es wichtig, den Aufgabenumfang so zu bemessen, dass er durch einen Mitarbeiter auf dieser Stelle auch kapazitativ bewältigt werden kann. Das Gleiche gilt für die Aufgabenkomplexität.

Auch kann man bei der Aufgabensynthese eine **Zentralisation** anstreben, indem gleichartige Aufgaben in einer Stelle zusammengefasst werden oder eine **Dezentralisation**, die die Verteilung gleichartiger Aufgaben auf mehrere Stellen vorsieht.

> Die Aufgabe „Kassen- und Privatliquidation" lässt sich in einer Arztpraxis beispielsweise zentral der Stelle „Verwaltungshelferin" zuordnen, während die Aufgabe „Materialwirtschaft" dezentral auf mehrere Helferinnenstellen verteilt werden kann.

Das Ergebnis der Stellenbildung ist eine bestimmte Anzahl von Stellen im Gesundheitsbetrieb. Diese lassen sich in der Regel in unterschiedliche **Stellenarten** einteilen und richten sich nach Befugnisumfang (beispielsweise Entscheidungsbefugnis, Anordnungsbefugnis), Aufgabenart (beispielsweise Ausführungsaufgaben, Leitungsaufgaben) und Aufgabenumfang (beispielsweise Hauptaufgabe, Nebenaufgabe). Im Gesundheitsbetrieb kommen demnach hauptsächlich Stellen mit Leitungsaufgaben vor, die auch Instanzen genannt werden (beispielsweise Ersthelferin) oder Ausführungsstellen, die keine Leitungsbefugnis besitzen (siehe Tabelle 2.3).

Tabelle 2.3   Stellenarten im Gesundheitsbetrieb.

Merkmale	Beschreibung	Stellen-Beispiele
Aufgaben-zuordnung	zentral, dezentral	Zusammenfassung gleichartiger Aufgaben in einer Stelle (beispielsweise werden alle Verwaltungsarbeiten einer Zahnarztpraxis einer ZMV zugeordnet); Verteilung gleichartiger Aufgaben auf mehrere Stellen (beispielsweise werden die Hygieneaufgaben auf mehrere Mitarbeiter verteilt).

Merkmale	Beschreibung	Stellen-Beispiele
Befugnis-umfang	Anordnungsbefugnis, Vertretungsbefugnis	Ersthelferin mit Anordnungsbefugnis, Prokurist in der Krankenhausverwaltung mit Unterschriftsvollmacht.
Aufgabenart	Ausführungsaufgaben, Leitungsaufgaben	Chefarzt mit Leitungsaufgaben, Pflegekraft mit Ausführungsaufgaben.
Aufgaben-umfang	Hauptaufgabe, Nebenaufgabe	Facility Manager eines Krankenhauses als Hauptaufgabe, gleichzeitig Brandschutzbeauftragter als Nebenaufgabe.

2.2 Gestaltung von Organisationseinheiten

Die Struktur der Aufbauorganisation kommt schließlich durch die Zusammenfassung von mehreren Stellen zu hierarchischen Einheiten zustande. Bei dieser Hierarchiegestaltung ist ein wesentliches Kriterium die **Leitungsspanne** (auch: Führungs- oder Kontrollspanne). Sie beschreibt die Anzahl der optimal betreubaren direkten Untergebenen, da jeder Vorgesetzte nur eine begrenzte Zahl bestmöglich betreuen kann. Ihre Größe ist von verschiedenen Merkmalen abhängig, wie Komplexität der Aufgaben, Qualifikation der Mitarbeiter, Umfang und Art des Sachmitteleinsatzes, aber auch etwa der Art des angewendeten Führungsstils. Nach Erfahrungswerten ist davon auszugehen, dass maximal zehn Mitarbeiter optimal direkt von einem Vorgesetzten betreut werden können.

Die **Gruppe** (häufig auch als Team bezeichnet) besteht aus einer Anzahl von Mitarbeitern (in der Regel vier bis sieben), die eine gemeinsame Aufgabe funktions- und arbeitsteilig durchführen. Sie ist häufig durch ein erhöhtes Maß an Koordination und Selbstbestimmung gekennzeichnet. In ihr stehen die einzelnen Stellen nicht nebeneinander, sondern werden anhand bestimmter Kriterien geordnet und zusammengefasst. Die Gruppe stellt eine Hierarchieebene dar und steht zwischen der Stelle und der Abteilung.

Beispiele für Organisationseinheiten, die üblicherweise in Größe einer Gruppe auftreten, sind die Patientenaufnahme, das Histologische Labor oder der Zentrale Schreibdienst. Aufgrund der geringen Größe von Arztpraxen ist die Bildung derartiger Organisationseinheiten eher selten. Ein Beispiel wäre die Bildung einer Gruppe Verwaltung und einer Gruppe Behandlungsassistenz mit jeweils einer Leitung.

Eine **Abteilung** umfasst in der Regel mehrere Gruppen, die aufgrund einer aufgabenorientierten, personenorientierten oder sachmittelorientierten Zuordnung zu einer Organisationseinheit auf einer höheren Hierarchieebene zusammengefasst werden. Die Leitungsspanne umfasst in der Regel 40 Mitarbeiter und mehr. Mehrere Abteilungen werden zu einer **Hauptabteilung** oder zu einem **Bereich** zusammengefasst. Häufig erfolgt die Bildung auch nach

- *Fachabteilungen*: Ambulanz, Chirurgie, Innere Medizin, Radiologie, Gynäkologie, Labor etc.,

- *Berufsgruppen*: Verwaltung, Ärzte, Pflegekräfte etc.,

- *Funktionen*: Untersuchung und Behandlung, Pflege, Verwaltung, Soziale Dienste, Ver- und Entsorgung, Forschung und Lehre, sonstige Bereiche (siehe **Abbildung 2.1**)

Eine Grundlage für die Bildung von Organisationseinheiten in Gesundheitsbetrieben stellt auch die *DIN 13080 „Gliederung des Krankenhauses in Funktionsbereiche und Funktionsstellen"* dar, die ihrerseits häufig als Bezugsnorm für Bauanträge verwendet wird.

Funktionsflächenbeschreibung des *Städtischen Klinikums Karlsruhe*, Kompetenzzentrum Kopf - 2. BA, Planung der Technischen Gebäudeausrüstung für den Erweiterungsbau und den Verbindungsbau, als Beispiel für ein Raumprogramm zu einem Förderantrag gem. DIN 13080 aus der gleichzeitig die organisatorischen Einheiten hervorgehen: „Der Erweiterungsbau als 2. BA beinhaltet gem. Raumprogramm zum Förderantrag gem. DIN 13080 folgende Funktionen (HNF). 1.2 Klinischer Arztdienst: 1.2.4 Augenheilkunde 484 qm; 1.2.5 Hals-, Nasen-, Ohrenheilkunde: 628 qm; 1.2.7 Mund-, Kiefer-, Gesichtschirurgie: 332qm; 1.9 Operation: 1 209 qm; 4. Soziale Dienste und 5. Ver- und Entsorgung: ca. 300."

Abbildung 2.1   Bildung von Organisationseinheiten im Gesundheits-
                  betrieb.

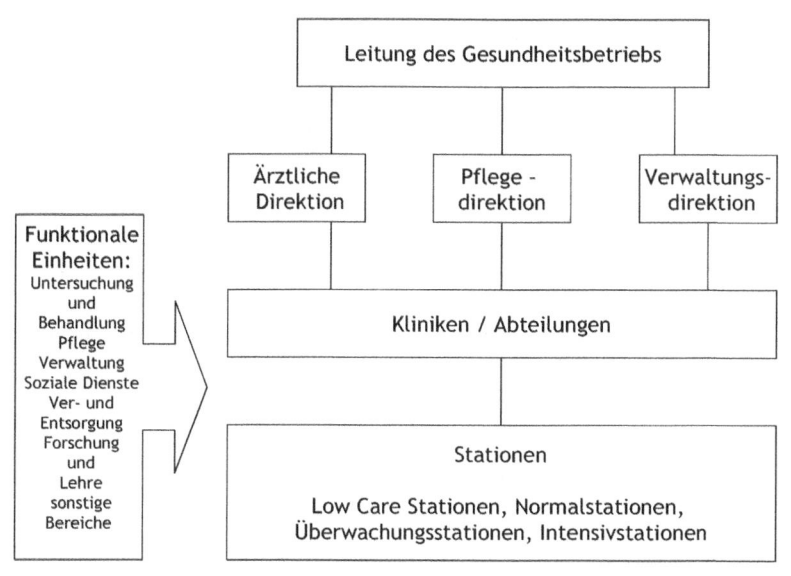

2.3   Betriebliche Organisationspläne und Organigramme

Aufgrund der Beziehungen der einzelnen Organisationseinheiten des Gesundheitsbetriebs untereinander ergeben sich verschiedenartige Strukturen (siehe Abbildung 2.2).

Abbildung 2.2   Aufbauorganisatorische Strukturen am Beispiel einer
                 Zahnarztpraxis.

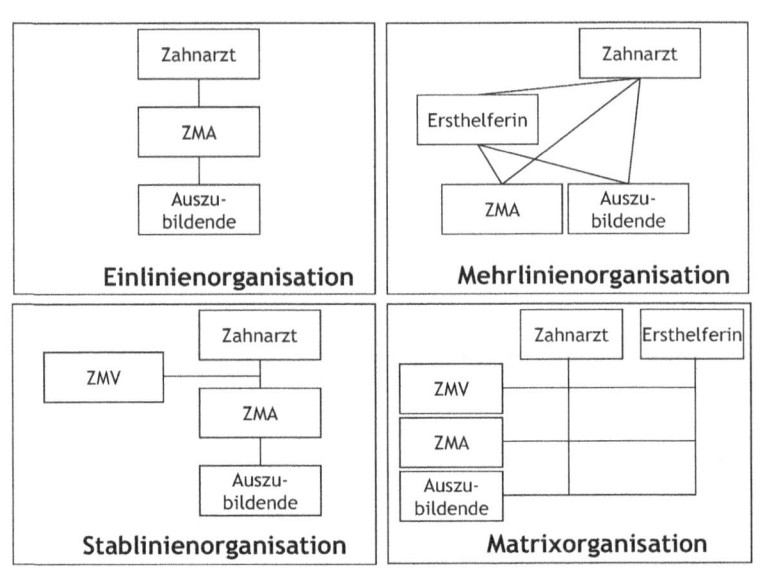

Die **Linienorganisation** ist die klassische Organisationsform des Gesundheitsbetriebs. Sie zeichnet sich insbesondere bei der **Einlinienorganisation** durch klare Zuständigkeitsabgrenzung und einen einheitlichen Instanzenweg aus und ist daher sehr übersichtlich. Die **Mehrlinienorganisation** ist in dieser Hinsicht problematischer. Ihre Nachteile können in einer gewissen Schwerfälligkeit und einer Überlastung der Führungskräfte liegen. Die **Stablinienorganisation** ist in kleineren Gesundheitsbetrieben eher selten anzutreffen. Sie wird in erster Linie eingesetzt, um den Nachteil der Überlastung der Führungskräfte zu mindern. Vorteile hierbei sind ebenfalls der einheitliche Instanzenweg, die Entlastung der Linieninstanzen durch die Stabsstelle und die klare Zuständigkeitsabgrenzung. Es kann eine Konfliktgefahr geben durch die Trennung von Entscheidungsvorbereitung und eigentlicher Entscheidung sowie durch Spezialisierungseffekte der Stabstelle. Bei der **Matrixorganisation** kann es zu Konflikten aufgrund der Mehrfachunterstellung kommen.

Die Dokumentation der Aufbauorganisation lässt sich mit verschiedenen Inhalten und in verschiedenen Darstellungsarten erstellen. Der **Organisationsplan** (auch: Organigramm, Organisationsschaubild) ist eine grafische Darstellung der Aufbauorganisation des Gesundheitsbetriebs. Er veranschaulicht das Verteilungssystem der Aufgaben und die Zuordnung von Teilaufgaben auf die einzelnen Stellen im Gesundheitsbetrieb. Aus ihm ist ferner die Stellengliederung, die mögliche Zusammenfassung von Stellen, die hierarchische Ordnung sowie das System der (Informations-) Wege zu erkennen. Die Symbolik von Organisationsplänen ist nicht genormt. Vorzufinden sind in der Regel vertikale oder horizontale Darstellungsarten sowie Mischformen (siehe **Abbildung 2.3** bis **Abbildung 2.5**).

Abbildung 2.3   Darstellungsarten von gesundheitsbetrieblichen Organisationsplänen.

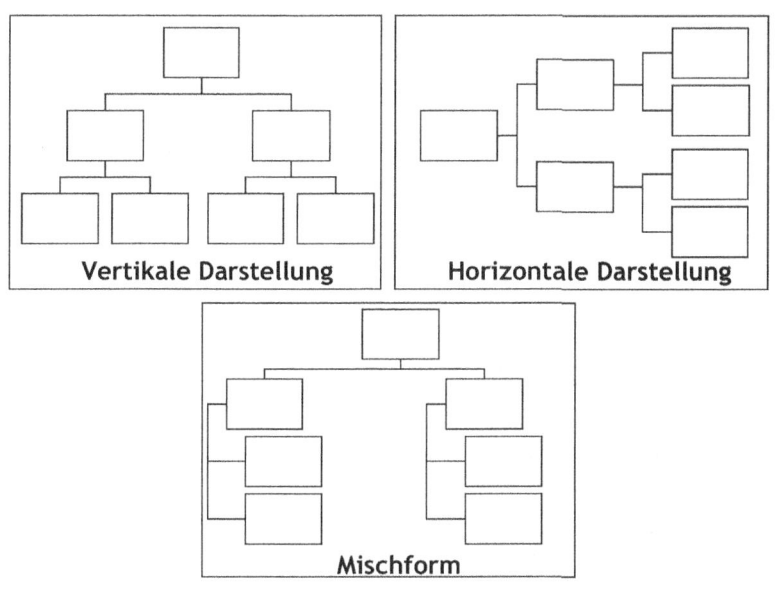

Vertikale Darstellung   **Horizontale Darstellung**

Mischform

Abbildung 2.4   Auszug aus dem Organigramm des Gemeinschaftsklini-
kums Kemperhof Koblenz - St. Elisabeth Mayen gGmbH,
Betriebsstandort Klinikum Kemperhof Koblenz.

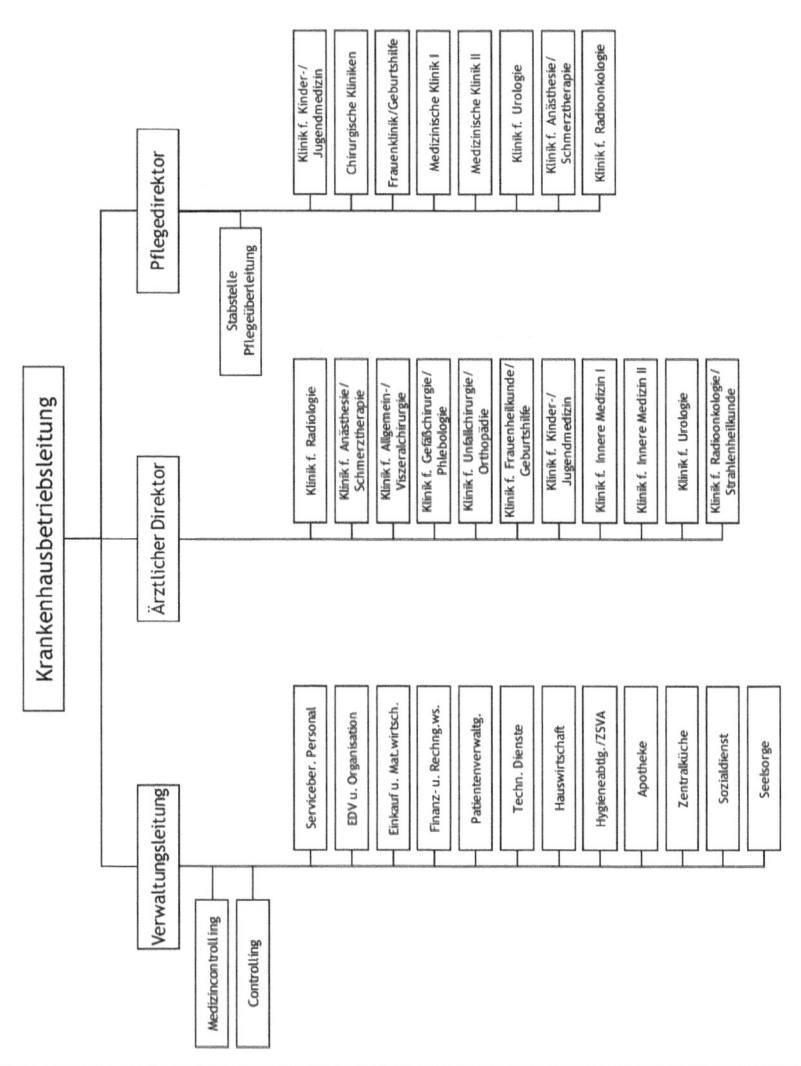

Abbildung 2.5   Auszug aus dem Organigramm des *MVZ Leverkusen*.

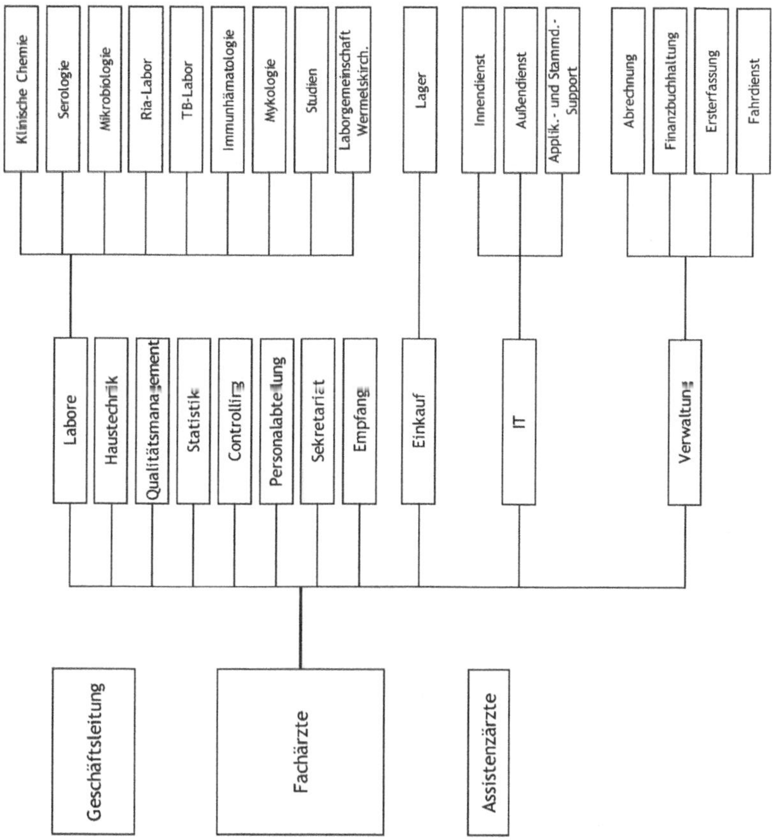

Klinische Chemie · Serologie · Mikrobiologie · Ria-Labor · TB-Labor · Immunhämatologie · Mykologie · Studien · Laborgemeinschaft Wermelskirch. · Lager · Innendienst · Außendienst · Applik.- und Stammd.-Support · Abrechnung · Finanzbuchhaltung · Ersterfassung · Fahrdienst

Labore · Haustechnik · Qualitätsmanagement · Statistik · Controlling · Personalabteilung · Sekretariat · Empfang · Einkauf · IT · Verwaltung

Geschäftsleitung · Fachärzte · Assistenzärzte

Eine weitere Möglichkeit der Dokumentation der Aufbauorganisation ist die **Stellenbeschreibung** (auch: Tätigkeitsdarstellung, Arbeitsplatzbeschreibung). Sie stellt eine formularisierte Fixierung aller wesentlichen Merkmale einer Stelle dar. Die Stellenbeschreibung dient somit der aufbauorganisatorischen Dokumentation, der Vorgabe von Leistungserfordernissen und Zielen an den Stelleninhaber sowie der Objektivierung der Lohn- und Gehaltsstruktur durch Angabe von Arbeitsplatz-/Stellenbezeichnung, Rang,

Unter- und Überstellungsverhältnis, Ziel des Arbeitsplatzes/der Stelle, Stellvertretungsregelung, Einzelaufgaben, sonstige Aufgaben, besondere Befugnisse, besondere Arbeitsplatz- /Stellenanforderungen etc.

Der Einsatz des Personals richtet sich nach den in der Stellenbeschreibung dokumentierten Tätigkeiten. In ihnen werden die Arbeitsplätze und Tätigkeiten des Gesundheitsbetriebs beschrieben, sodass die Mitarbeiter hinsichtlich ihrer Qualifikationen bestmöglich einer Stelle zugeordnet werden können (siehe Tabelle 2.4).

Tabelle 2.4   Inhalte von Stellenbeschreibungen im Gesundheitsbetrieb.

Inhalt	Beispiel Verwaltungsstelle ZA-Praxis
Arbeitsplatz-/Stellenbezeichnung	Praxisverwaltung/-rezeption
Rang	Leitung Praxisverwaltung/-rezeption
Unterstellungsverhältnis	Praxisleitung
Überstellungsverhältnis	Auszubildende
Ziel des Arbeitsplatzes/der Stelle	Erledigung aller Verwaltungsarbeiten in der Zahnarztpraxis
Stellvertretungsregelung	ZMA
Aufgabenbereich im Einzelnen	Kassen und Privatliquidation Patientenverwaltung Patientenempfang Korrespondenz Terminvergabe Telefondienst
Sonstige Aufgaben	Einkauf medizinischen Verbrauchsmaterials
Besondere Befugnisse	Einkaufsberechtigung bis 1.000 Euro
Arbeitsplatz-/Stellenanforderungen	Zahnmedizinische Verwaltungshelferin ZMV

Der **Stellenbesetzungsplan** ist ein Ausweis der personalen Besetzung der eingerichteten Stellen. Aus ihm gehen die Stellenbezeichnungen sowie die Namen der Stelleninhaber hervor (siehe **Tabelle 2.5**).

Tabelle 2.5   Stellenbesetzungsplan am Beispiel einer Arztpraxis.

Stellenbezeichnung	Stelleninhaberin
Behandlung I	Schäfer, D.
Verwaltung I	Conrad, B.
Laboruntersuchungen	Funke, A.
Verwaltung II	Blank, O.
Behandlung II	Hausmann, W.
Patientenempfang	Weinert, P.
Behandlung III	Stolz, H.

Das **Funktionendiagramm** (auch: Funktionsmatrix, Aufgabenverteilungsplan) verknüpft die Aufgaben und Befugnisse des Gesundheitsbetriebs mit seinen Stellen. Es handelt sich somit um einen matrizenmäßigen Ausweis von Aufgaben und Befugnissen von Stellen. Üblicherweise werden dabei in den Spalten die Stellen und in den Zeilen die Aufgaben ausgewiesen. Im Schnittpunkt zwischen Spalten und Zeilen wird mithilfe eines Symbols die Art der Aufgaben und/oder Befugnisse dargestellt (siehe **Tabelle 2.6**).

Tabelle 2.6   Beispiel eines Funktionendiagramms einer Arztpraxis.

Stelle / Aufgabe	Behandlung I	Verwaltung I	Labor	Verwaltung II	Behandlung II	Patienten-empfang	Behandlung III
Behandlungs-arbeiten	E/A/K				A		A
Kassen- und Privat-liquidat.		E/K		A			
Röntgen	E/K						A
Mahnungen, Rechnungs-wesen		A					
Personal-adminis-tration		A					
Termin-vergabe	E/K					A	
Laborunter-suchungen			A				
Material-wirtschaft	E/K				A		

A = Ausführung; E = Entscheidung; K = Kontrolle

2.4 Besondere rechtliche Organisationsformen des Gesundheitsbetriebs

Ein großer Teil der Gesundheitsbetriebe in Deutschland befindet sich in öffentlicher bzw. gemeinnütziger Trägerschaft. Daher sind die *öffentlich-rechtlichen* Organisationsformen für diese Betriebe von besonderer Bedeutung.

Nach Angaben der *Deutschen Krankenhausgesellschaft* befanden sich beispielsweise 2007 32,2 Prozent der Krankenhäuser in öffentlicher, 37,5 Prozent in freier-gemeinnütziger und 29,5 Prozent in privater Trägerschaft.

Gesundheitsbetriebe in öffentlicher Rechtsform können sowohl Unternehmen *mit* oder *ohne* eigene Rechtspersönlichkeit sein.

Zu den öffentlichen Gesundheitsbetrieben *mit* eigener Rechtspersönlichkeit (juristische Personen des öffentlichen Rechts) zählt die **Anstalt (AdöR)**. Sie wird aufgrund eines Gesetzes errichtet, erfüllt eine bestimmte öffentliche Aufgabe im Gesundheitswesen und ihr genaues Tätigkeitsgebiet wird in ihrer Satzung festgelegt. Insbesondere Länder oder Kommunen entschließen sich, Leistungen im Gesundheitswesen durch rechtlich selbstständige Gesundheitsbetriebe in Form von Anstalten zu erbringen. Während landesunmittelbare Gesundheitsbetriebe in Form von Anstalten eher selten anzutreffen sind, kommen kommunale Krankenhäuser in Form von Anstalten des öffentlichen Rechts als die von den Gemeinden ausgegliederten Teilaufgaben kommunaler Daseinsvorsorge häufiger vor. Bei einer nicht rechtsfähigen Anstalt des öffentlichen Rechts kann im Streitfall nicht der Gesundheitsbetrieb selbst verklagt werden kann, sondern nur deren Trägerin.

Das *St. Hedwig-Krankenhaus* (AdöR), Berlin, ist beispielsweise als Anstalt des öffentlichen Rechts mit dem Erzbistum Berlin verbunden. Träger ist eine kirchliche Bruderschaft. Nach außen vertreten wird die Anstalt durch den Vorstand, der gleichzeitig auch Gesellschafter ist, und dem acht Mitglieder angehören.

Bei der **Körperschaft (KdöR)** handelt es sich ebenfalls um eine öffentliche Rechtsform für Gesundheitsbetriebe, die über eine eigene Rechtspersönlichkeit verfügt. Sie ist mitgliedschaftlich organisiert und besteht unabhängig vom Wechsel ihrer Mitglieder. Die Körperschaft wird hauptsächlich dann angewendet, wenn ursprünglich staatliche Aufgaben von den Betroffenen eigenverantwortlich geregelt werden sollen. Dazu werden diese organisatorisch aus der staatlichen Verwaltungshierarchie ausgegliedert und mit der Körperschaft einer rechtsfähigen Organisation übertragen.

Mit einem Strukturgesetz ist das Universitäts-Krankenhaus Eppendorf im Jahre 2001 in das *Universitätsklinikum Hamburg-Eppendorf,* einer rechtsfähigen Körperschaft des öffentlichen Rechts, umgewandelt worden. Sie ist eine landesunmittelbare Körperschaft des öffentlichen Rechts und gleichzeitig eine sogenannte Gliedkörperschaft der Universität Hamburg.

Zu den Gesundheitsbetrieben *ohne* eigene Rechtspersönlichkeit zählen öffentliche Eigen- und Regiebetriebe. Bei dem **Eigenbetrieb** handelt es sich um eine organisatorisch und finanzwirtschaftlich, aber nicht rechtlich selbstständige Form auf der Grundlage der Gemeinde- bzw. der Kreisordnungen der Bundesländer. Ein Gesundheitsbetrieb in dieser Rechtsform stellt ein aus der jeweiligen Kreis- oder Gemeindeverwaltung ausgegliedertes Sondervermögen dar.

Das *Klinikum des Landkreises Deggendorf* ist als Eigenbetrieb für die medizinische Versorgung der Landkreisbevölkerung und für die ganze Region zuständig. Er wird als solcher von einer Werkleitung geführt.

Da der **Regiebetrieb** Bestandteil der staatlichen oder kommunalen Verwaltung ist und damit weder rechtlich noch organisatorisch von der Verwaltung getrennt von Bediensteten geführt wird, kommen Gesundheitsbetriebe in dieser Rechtsform eher selten vor.

Zu den öffentlichen Rechtsformen zählen streng genommen auch die Formen der Zusammenarbeit nach dem öffentlichen Kassenarztrecht.

So stellt die **Praxisgemeinschaft** den Zusammenschluss niedergelassener Ärzte zur gemeinsamen Nutzung von Praxiseinrichtung und Personal bei der Behandlung von Patienten dar. Die Praxiskosten werden dabei nach einem zu vereinbarenden Schlüssel verteilt. Die jeweiligen Patientengruppen sind dabei strikt voneinander zu trennen, da eine gemeinsame Karteiführung unzulässig ist. Eine Behandlung der jeweils anderen Kassenpatienten macht daher eine Überweisung erforderlich. Der Gewinn wird in der Praxisgemeinschaft getrennt ermittelt. Eine gegenseitige Vertretung ist möglich. In einem Praxisgemeinschaftsvertrag werden die wichtigsten Inhalte der Zusammenarbeit geregelt, wie das Verhältnis der Praxisgemeinschaft zu den Einzelpraxen, die gemeinsame Nutzung der Praxisräume und Einrichtungen, die Verpflichtung zur Zusammenarbeit, Regelungen über Sprechstunden, Patienten, Behandlungsverträge, Information, Einsichtnahme, Personal, Urlaub, Fortbildung, Krankheit sowie Assistentenvertretung, die Geschäftsführung und Vertretung, die Themen Bankvollmacht, Einlagen, Beteiligung sowie laufende Betriebskosten, Jahresabschluss, Verkaufsrecht/Vorkaufsrecht und Haftung. Privatrechtlich gesehen stellt sie eine *Gesellschaft bürgerlichen Rechts (GbR)* dar, sofern sie nicht als Partnerschaft gegründet ist. Sonderformen der Praxisgemeinschaft sind:

- *Praxisgemeinschaft mit Poolvertrag*: Die Patientengruppen sind dabei nach wie vor voneinander getrennt; allerdings werden die Praxiskosten und -gewinne nach einem zu vereinbarenden Schlüssel verteilt, wozu der Abschluss eines Poolvertrages mit detaillierten Vorschriften über die Gewinnermittlung und -verteilung notwendig ist.

- *Fachübergreifende Praxisgemeinschaft*: Praxisgemeinschaft zwischen Ärzten verschiedener Fachgebiete, aber auch zwischen Zahnarzt und Arzt; Kosten- und Gewinnbehandlung sind dabei wie bei der Praxisgemeinschaft, ein Poolvertrag ist ebenfalls zulässig.

Von der Praxisgemeinschaft zu unterscheiden, ist die **Gemeinschaftspraxis**. Sie stellt den Normalfall der Zusammenarbeit zwischen niedergelassenen Ärzten dar. Auch bei der Gemeinschaftspraxis handelt es sich um eine GbR, sofern sie nicht als Partnerschaftsgesellschaft deklariert ist. Die Patienten werden gemeinsam behandelt, und auch Geräte und Personal werden gemeinsam eingesetzt. Die Kosten und Überschüsse werden entsprechend dem Gewinnschlüssel verteilt. In einem Gemeinschaftspraxisvertrag werden vergleichbar mit der Praxisgemeinschaft die wichtigsten Inhalte der Zusammenarbeit geregelt. Die *fachübergreifende* Gemeinschaftspraxis stellt die Zusammenarbeit zwischen Ärzten verschiedener Fachrichtungen oder zwischen Ärzten und Zahnärzten in Form einer Gemeinschaftspraxis dar. Sie weist im Übrigen die Merkmale einer Gemeinschaftspraxis auf.

Bei der **Klinik** oder **Poliklinik** handelt es sich um keine eigenständige, öffentliche Rechtsform, sondern ähnlich wie bei dem **Ambulatorium** um eine Organisationsform der medizinischen Zusammenarbeit. Während die Klinik ursprünglich ein Krankenhaus zur Unterrichtung von Medizinstudenten war, innerhalb der die Poliklinik einen Bereich darstellte, in dem hauptsächlich die städtischen (polis) Bürger behandelt wurden, verstand man später unter der Poliklinik auch die Zusammenfassung verschiedener Fachärzte in einer Einrichtung. Kleinere Polikliniken wurden auch als Ambulatorien bezeichnet und beide Organisationsformen als die im Beitrittsgebiet bestehenden ärztlich geleiteten kommunalen, staatlichen und freigemeinnützigen Gesundheitseinrichtungen der ehemaligen *DDR* im *Sozialgesetzbuch (SGB)* berücksichtigt.

Öffentlich-rechtlich geregelt ist aufgrund des *GKV-Modernisierungsgesetzes (GMG)* auch das **Medizinische Versorgungszentrum (MVZ)**. Es stellt den Zusammenschluss der zur kassenärztlichen Versorgung zugelassenen Ärzte und anderer Leistungserbringer im Gesundheitswesen dar, um gesetzlich und privat versicherte Patienten zu behandeln. Privatrechtlich lassen sich die *MVZ* auch in Form einer *GbR, GmbH* oder *AG* organisieren, wobei auch nicht-ärztliche Leistungserbringer als Gesellschafter auftreten können.

Zu den Privatrechtsformen für Gesundheitsbetriebe zählen die meisten Formen von *Personen-* und *Kapitalgesellschaften*:

■ **Personengesellschaft:** Zusammenschluss mehrerer Personen zu einem Gesundheitsbetrieb; er gründet auf der fortgesetzten Mitgliedschaft der einzelnen Gesellschafter. Sie ist keine juristische Person; über ihr Vermögen können die Gesellschafter nur gemeinsam verfügen. Daneben haften die Gesellschafter persönlich und unbeschränkt mit ihrem Privatvermögen für die Schulden des Gesundheitsbetriebs.

  – **Einzelgesellschaft:** Eigenkapital wird von einer natürlichen Person aufgebracht und deren Inhaber leitet den Gesundheitsbetrieb verantwortlich, trägt das Risiko alleine und haftet unbeschränkt für alle Verbindlichkeiten.

- **Gesellschaft bürgerlichen Rechts (GbR):** Stellt eine Verpflichtung von mindestens zwei Gesellschaftern eines Gesundheitsbetriebs dar, den genau bestimmten gemeinsamen Gesellschaftszweck zu fördern.
- Die **Partnerschaftsgesellschaft:** Eigenständige Rechtsform nach dem *Partnerschaftsgesellschaftsgesetz (PartGG)*, die sich vielfach mit der Gemeinschaftspraxis überschneidet, unter einem berufsrechtlichen Vorbehalt steht und voraussetzt, dass die Berufsausübung gemeinsam erfolgt.
- **Genossenschaft:** Gesundheitsbetrieb mit grundsätzlich nicht beschränkter Mitgliederzahl, welcher die Förderung seiner Mitglieder mittels gemeinschaftlichen Betriebs bezweckt. Sein Zweck ist somit in der Regel nicht die eigene Gewinnerzielung, sondern die Unterstützung seiner Mitglieder.

Bei der *Kamillus-Klinik*, Asbach, handelt es sich beispielsweise nach deren Angaben um eine Genossenschaft der Töchter des Heiligen Kamillus e.V.

- **Kommanditgesellschaft (KG):** Mindestens ein Gesellschafter haftet als Komplementär voll und mindestens ein weiterer Gesellschafter als Kommanditist nur mit seiner Kapitaleinlage. Beide können auch eine juristische Person oder eine andere Personenhandelsgesellschaft sein, wobei für die Position des Kommanditisten keine GbR in Betracht kommt.
- **Offene Handelsgesellschaft (oHG):** Besteht aus mindestens zwei Gesellschaftern, die unbeschränkt – auch mit ihrem Privatvermögen – persönlich haften, wobei der eigentliche Zweck auf den Betrieb eines Handelsgewerbes ausgerichtet ist.
- **Stille Gesellschaft:** Stellt als Personengesellschaft eine Beteiligung eines Teilhabers an dem Gesundheitsbetrieb dar, indem die geleistete Einlage in das Vermögen des tätigen Gesellschafters übergeht und der stille Gesellschafter dafür am Gewinn des Betriebs beteiligt ist.

■ **Kapitalgesellschaft:** Stellt im Gegensatz zur Personengesellschaft eine körperschaftlich verfasste Personenvereinigung mit eigener Rechtspersönlichkeit (juristische Person) dar.

- **Gesellschaft mit beschränkter Haftung (GmbH):** Juristische Person mit einer körperschaftlich verfassten Organisationsstruktur sowie einem Stammkapital, das aus der Summe der von den Gesellschaftern zu leistenden Stammeinlagen besteht.

Während das *Klinikum Ingolstadt* beispielsweise als „normale" GmbH firmiert, trägt das *Krankenhaus Düren* den Zusatz einer gemeinnützigen GmbH (gem GmbH).

- **Unternehmergesellschaft (UG):** *GmbH* mit einem geringeren als dem Mindestkapital gemäß *GmbHG*. Das Stammkapital insgesamt muss mindestens einen Euro betragen. Ab 25.000 Euro wird keine Unternehmergesellschaft mehr gegründet, sondern eine „normale" *GmbH*.
- **Aktiengesellschaft (AG):** Bedeutet für den Gesundheitsbetrieb, dass es sich um eine juristische Person mit einem in Aktien zerlegtes Grundkapital handelt, an dem die Gesellschafter mit Einlagen beteiligt sind.

Während die *Rhön-Klinikum AG*, Bad Neustadt/Saale, als renditeorientierter Konzern eine Vielzahl von Krankenhäusern betreibt, trägt das *Klinikum Fulda* den Zusatz einer *gemeinnützigen Aktiengesellschaft (gAG)* in seiner Gesellschaftsbezeichnung.

- **GmbH & Co. KG:** Mischform als Kommanditgesellschaft und Personengesellschaft, an der eine *GmbH* als Komplementär beteiligt ist. Die Haftung für ihre Verbindlichkeiten ist somit auf die Kommanditisten bis zur Höhe ihrer Einlage und auf die *GmbH* mit ihrem auf einen Haftungshöchstbetrag begrenzten Vermögen beschränkt.

Rechtliche Mischformen weisen beispielsweise die *Dr. Schweckendiek GmbH Klinik KG* in Marburg oder die *Inselsberg-Klinik Tabarz, M. Wicker GmbH u. Co. OHG* in Tabarz/Thüringen auf.

- **Vereine** und **Stiftungen:** Eingetragene Vereine (e.V.) und die rechtsfähige Stiftung stellen zwar juristische Personen, aber keine Kapitalgesellschaften dar.

Die *Stiftung Krankenhaus Fürstenhagen*, mit Sitz in Hess. Lichtenau, ist eine Stiftung bürgerlichen Rechts, die im Rahmen der Auflösung und Umstrukturierung zum Pflegezentrum im Rahmen des *Diakonischen Werkes von Kurhessen und Waldeck* durch Beschluss der Mitgliederversammlung des bisherigen Trägervereins, des *Krankenhausvereins e.V., Hess. Lichtenau*, gegründet wurde.

■ **Europäische Gesellschaft (Societas Europaea, SE):** Nach weitgehend einheitlichen Rechtsprinzipien gestaltbare Aktiengesellschaft in der EU (siehe Tabelle 2.7).

Tabelle 2.7   Rechtliche Organisationsformen für Gesundheitsbetriebe.

Öffentliche Rechtsformen		Anstalt des öffentlichen Rechts (AdöR)
		Körperschaft des öffentlichen Rechts (KödR)
		Eigenbetrieb
		Regiebetrieb
		Gemeinschaftspraxis
		Praxisgemeinschaft
		Medizinisches Versorgungszentrum
		Stiftung öffentlichen Rechts
Private Rechtsformen	Personen-gesellschaften	Einzelgesellschaft
		Gesellschaft bürgerlichen Rechts (GbR)
		Partnerschaftsgesellschaft
		Kommanditgesellschaft (KG)
		Offene Handelsgesellschaft (oHG)
		Gemeinschaftspraxis als Partnerschaftsgesellschaft oder GbR
		Praxisgemeinschaft als Partnerschaftsgesellschaft oder GbR

		Medizinisches Versorgungszentrum als Partnerschaftsgesellschaft, GbR etc.
	Kapital-gesellschaften	Gesellschaft mit beschränkter Haftung (GmbH)
		Unternehmergesellschaft (UG) – „Mini-GmbH"
		Aktiengesellschaft (AG)
		Medizinisches Versorgungszentrum als GmbH, AG etc.
	Mischformen	beispielsweise GmbH & Co. KG
	Vereine und Stiftungen	beispielsweise eingetragener Verein (e.V.), rechtsfähige Stiftung
	nach EU-Recht	beispielsweise Societas Europaea, SE

2.5 Projektorganisation im Gesundheitsbetrieb

Die **Projektorganisation** als temporäre Form der Aufbauorganisation kommt in Gesundheitsbetrieben in der Regel immer dann zur Anwendung, wenn Neuerungen einzuführen sind, die große Teile des Gesundheitsbetriebs und dessen Mitarbeiter betreffen. Ein **Projekt** ist dabei ein Verfahren zur Lösung einer einmaligen und fest definierten Aufgabe in einem Gesundheitsbetrieb, die ein fachübergreifendes Zusammenwirken erfordert und erhebliche Auswirkungen auf Situation und Abläufe des Gesundheitsbetriebs hat. Es hat einen festgelegten Anfang, wird nach einer Realisierungsphase durch die Zielerreichung beendet und lässt sich hinsichtlich der Merkmale Häufigkeit, Fachbezug, Beendigung und Auswirkungen gegenüber anderen Organisationsformen abgrenzen (siehe Tabelle 2.8).

Tabelle 2.8   Abgrenzung von Projekten im Gesundheitsbetrieb.

Merkmale	Projekt	Linienaufgabe	Arbeitskreis
Auswirkungen	groß	mittel	ungewiss
Häufigkeit	einmalig	einmalig/ständig	ständig
Beendigung	fest definiert	fest definiert	offen
Fachbezug	fachübergreifend	fachintern	fachübergreifend

Mit der Feststellung, dass die Lösung einer Aufgabe im Gesundheitsbetrieb nicht als Linienaufgabe möglich und ein Projekt erforderlich ist, beginnt in der Regel der **Projektablauf**. Dabei sind zunächst die Formulierung der Aufgabenstellung und Zielsetzung des Projektes, eine vorläufige Aufwandsschätzung (interne und externe Kosten), ein Kosten-Nutzen-Vergleich sowie der vorgesehene Zeitrahmen zu klären. Die Leitung des Gesundheitsbetriebs oder ein entsprechender Ausschuss haben hierzu folgende Aufgaben:

- Klärung der Notwendigkeit,

- Priorisierung im Vergleich zu weiteren Vorhaben,

- Einordnung in das Projektportfolio des Gesundheitsbetriebs

- Entscheidung über die Feindefinition und Abgrenzung des Projektzieles,

- Festlegung der personellen Besetzung (Projektleiter, Lenkungsausschuss etc.)

- Auftragserteilung an den Projektleiter.

Mithilfe einer **Projektvereinbarung** werden die personelle Besetzung der Projektgruppe bzw. weiterer Arbeitsgruppen, die geplante Vorgehensweise, die Terminplanung und der Kostenrahmen sowie sonstige Rahmenbedingungen festgelegt. Die Projektorganisation setzt sich üblicherweise aus dem Projektleiter, dem Projektteam und einem Lenkungsausschuss zusammen (siehe Tabelle 2.9).

Der Projektablauf gliedert sich in typische **Projektphasen.** Der Änderungsbedarf leitet sich aus den Zielen und Strategien des Gesundheitsbetriebs ab
oder entsteht aufgrund geänderter Rahmenbedingungen bzw. eigener
Aktivitäten. Nach der Bewertung des Projektvorhabens durch Leitung des
Gesundheitsbetriebs oder einen entsprechenden Ausschuss ist die Projektvereinbarung zu schließen, mit Meilensteinplan, Arbeitspaketen, Projektteam, geplanter Vorgehensweise, Terminplanung, Kostenrahmen etc. Die
Ist-Analyse erfolgt insbesondere unter Herausarbeitung von Schwachstellen, und das Soll-Konzept beinhaltet die Suche nach und die Bewertung
von Lösungsmöglichkeiten, hinsichtlich Kosten, Durchführbarkeit und
Integrationsfähigkeit. Die Realisierung von Einzelmaßnahmen erfolgt
durch die Projektgruppe selbst, umfangreiche fachübergreifende Maßnahmen gegebenenfalls durch neue Projekte. Die Überwachung der Umsetzung von Linienmaßnahmen nimmt in der Regel ebenfalls die Projektgruppe vor. Der Projekterfolg ist an den zuvor gesetzten Zielen und der
Erfüllung der Aufgabenstellung zu bemessen. (siehe **Abbildung 2.6**).

Tabelle 2.9   Gesundheitsbetriebliche Projektorganisation.

Mitglieder	Aufgaben
Projektleiter	Konzipiert üblicherweise das Projekt und trägt die Ver- antwortung für die erfolgreiche Durchführung hinsicht- lich Terminen, Kosten und Qualitätsanforderungen; stellt die Projektgruppe zusammen, gegenüber der er im Rahmen der Projektaufgaben weisungsberechtigt ist; informiert über den Projektfortschritt durch Statusberich- te; führt Berichterstattung gegenüber dem Lenkungs- ausschuss zu den Meilensteinen durch; informiert außerplanmäßig und unverzüglich, sobald erkennbar ist, dass genehmigte Ressourcen nicht eingehalten werden können oder sich wesentliche inhaltliche oder terminliche Abweichungen vom geplanten Projektver- lauf abzeichnen; erstellt den Abschlussbericht.

Mitglieder	Aufgaben
Lenkungsausschuss	Setzt sich aus einer bestimmten Anzahl von Führungskräften zusammen; ist gegenüber dem Projektleiter weisungsbefugt und zuständig für die Unterstützung des Projektleiters, die Kontrolle des Projektfortschritts, die Abnahme der Meilensteine, die Projektabschlussbeurteilung.
Projektteams	Beraten und unterstützen den Projektleiter und erledigen die ihnen übertragenen Aufgaben sach- und termingerecht; sind dafür in ausreichendem Maße von Aufgaben in ihren Fachabteilungen freizustellen; für Aufgabenstellungen, die vom Projektteam allein nicht lösbar sind, können Personen oder Gruppen mit Spezialwissen hinzugezogen werden.

Abbildung 2.6 Projektphasen im Gesundheitsbetrieb.

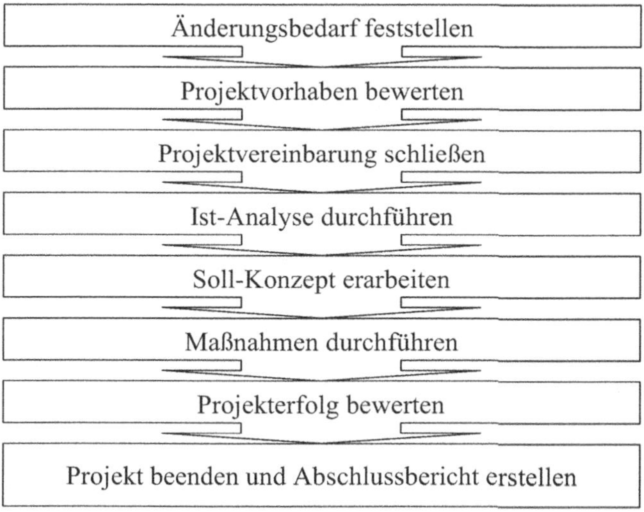

Änderungsbedarf feststellen

Projektvorhaben bewerten

Projektvereinbarung schließen

Ist-Analyse durchführen

Soll-Konzept erarbeiten

Maßnahmen durchführen

Projekterfolg bewerten

Projekt beenden und Abschlussbericht erstellen

Da in großen Gesundheitsbetrieben mehrere oder eine Vielzahl von Projekten gleichzeitig ablaufen, eignet sich eine **Multiprojektorganisation** für die übergreifende Priorisierung, Koordinierung und Steuerung aller Projekte. Sie hat in erster Linie eine bessere Nutzung knapper Ressourcen für die Projektarbeit im Gesundheitsbetrieb, die Konzentration der verfügbaren Mittel, einheitliche Projektmethoden, -verfahren und -abläufe sowie ein besseres Erkennen der Grenzen des Machbaren zum Ziel. Dazu wird eine Genehmigungsinstanz und übergeordnetes Koordinierungsgremium für alle Projekte benötigt. Sie stellt gleichzeitig das Bindeglied zwischen Projektorganisation und Linienorganisation mit dem Ziel einer zentralen Gesamtkoordination von Projekten und Linienmaßnahmen dar. Das Gremium steuert zentral das Gesamtprojektportfolio (siehe Tabelle 2.10).

Tabelle 2.10   Aufgaben einer Multiprojektorganisation im Gesundheitsbetrieb.

Aufgabenbereich	Aufgaben
Priorisierung	Priorisierung laufender und geplanter Projekte; Regelung der inhaltlichen/zeitlichen Abhängigkeiten und Schnittstellen zwischen den Projekten
Koordination	Durchgängiges Steuerungsinstrumentarium für alle Projekte; Übersicht über Ablauf und Fortschritt (Status) aller Projekte
Antragsentscheidung	Prüfung und Entscheidung von Projektanträgen im Abgleich mit der Unternehmensstrategie sowie der finanziellen und ressourcenmäßigen Machbarkeit; Zweifelsfallentscheidungen bei der Unterteilung von Vorhaben in Projekte und Linienaufgaben; Erteilung von Projektaufträgen und Beauftragung der Projektbeteiligten (inklusive Besetzung des Lenkungsausschusses und des Projektleiters, Beauftragung von externen Beratern)

Aufgabenbereich	Aufgaben
Änderungsentscheidung	Entscheidung über eingehende Änderungsanträge; Entscheidung über Konsequenzen bei Prioritätsänderungen und Projektunterbrechungen
Beendigung	Auflösung der Projektorganisationen nach erfolgreichem Projektabschluss; Abbruch von Projekten bei Veränderung der ursprünglichen Rahmenbedingungen oder bei voraussichtlicher Projektzielverfehlung aus der Gesamtsicht; Auflagenerstellung bei unvollständiger Zielerreichung aus der Gesamtsicht
Konfliktmanagement	Lösung von projektübergreifenden Ressourcenkonflikten; Lösung von sämtlichen Konfliktsituationen, die sich aus der Projektarbeit ergeben, als letzter Eskalationsstufe (insbesondere bei Konflikten zwischen Lenkungsausschuss und Projektleiter oder zwischen einzelnen Projekten
Budgetierung	Abstimmung des Projektbudgets mit Leitung des Gesundheitsbetriebs im Rahmen der operativen Jahresgesamtplanung; Koordination und Verteilung des Gesamtprojektbudgets auf die einzelnen Projekte; Überprüfung und Einhaltung des Gesamtprojektbudgets

Zu den Instrumenten der Multiprojektorganisation zählt zunächst das **Projektportfolio** als zentrales Hilfsmittel zur Priorisierung und Steuerung aller Projekte im Gesundheitsbetrieb. Aus ihm wird abgeleitet, welche Projekte mit welcher Priorität im Rahmen der vorhandenen Ressourcen umgesetzt werden. Mögliche Kriterien für eine Punktevergabe bei einer Priorisierung können der strategische Wert bzw. die Notwendigkeit des Projektes für den Gesundheitsbetrieb, seine wirtschaftlichen Auswirkun-

gen (Nutzen, Kosten) sowie die Projektdimension hinsichtlich Kapazitäts-
bedarf und -verteilung (beispielsweise Personentage) sein. Eingehende
Projektanträge werden hierzu bewertet und entschieden. Beschlossene
Projekte werden im Portfolio positioniert (siehe **Abbildung 2.7**).

Abbildung 2.7   Beispiel für ein Projektportfolio in einer Pflegeeinrich-
                     tung.

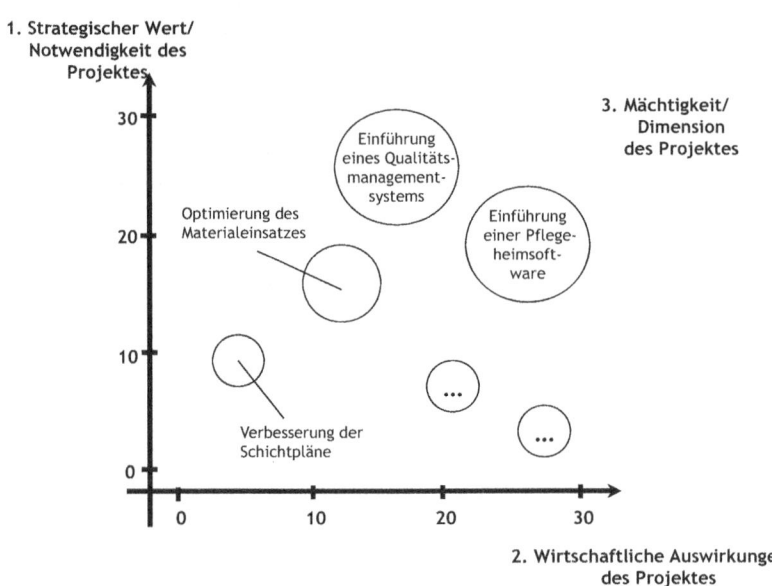

Im **Gesamtprojektplan** werden die einzelnen Projektpläne zusammengefasst und die Projektentwicklung grafisch dargestellt. Er stellt eine Über-
sicht zum Bearbeitungsstand einzelner Projekte dar. Die Ressourcenver-
waltung der Multiprojektorganisation bildet die Basis für eine effiziente
Projektarbeit. Die Datenbasis besteht aus verschiedenen Datenbanken, in
der alle relevanten Projektinformationen gespeichert werden. In einem
Projekthandbuch werden die gesamte Projektorganisation und die einsetz-
baren Methoden einheitlich dokumentiert.

Die *Ammerland-Klinik GmbH,* Westerstede, nutzt die Projektorganisation zur Planung und Durchführung von Verbesserungs- und Optimierungsmaßnahmen. Dabei werden anhand eines festgelegten Ablaufs nach Problemdarstellung und Analyse die zu erreichenden Ziele festgelegt und alle betroffenen Bereiche in die Projektumsetzung integriert. Um eine effiziente Projektdurchführung zu gewährleisten, werden Meilensteine erhoben, die als Indikatoren für die Zielerreichung dienen, und eine Überprüfung der Projekte durch die Geschäftsführung durchgeführt. Folgende Projekte wurden auf diese Weise beispielsweise bereits umgesetzt:

- Optimierung der Arztbriefschreibung in der Inneren Klinik,

- Einführung neuer Mitarbeiter anhand eines Einarbeitungskonzeptes,

- Kooperation mit dem *Bundeswehrkrankenhaus Bad Zwischenahn,*

- Neubau (dritter Bauabschnitt),

- Zertifizierung nach KTQ
  (Kooperation für Transparenz und Qualität),

- Einrichtung einer zentralen Patientenaufnahmeeinheit,

- Personalentwicklung und Zielvereinbarung,

- Erstellung eines Leitbildes
  (Selbstverständnis der Ammerland-Klinik),

- Entwicklung von Führungsgrundsätzen,

- Durchführung der Patienten- und Mitarbeiterbefragung sowie Selbstbewertung,

- Optimierung und Erweiterung des Angebotes in der Geburtshilfe,

- Aufbau eines Intranets,

- Zertifizierung des Brustzentrums,

- PACS (digitales Archiv für medizinische Bilder).

3 Gesundheitsbetriebliche Ablauforganisation

3.1 Prozessgestaltung im Gesundheitsbetrieb

Die **Ablauforganisation** strukturiert die Arbeitsprozesse im Gesundheitsbetrieb und beantwortet somit die Frage, wer was, wann, wie und wo macht. Um die komplexen Handlungen in einem Gesundheitsbetrieb zu beherrschen, berücksichtigt sie Zeit, Raum, Sachmittel und Mitarbeiter und verfolgt häufig durch Standardisierung von Abläufen Ziele, wie beispielsweise einer optimalen Kapazitätsauslastung, Qualitätssteigerung, Durchlauf- und Wartezeitenverringerung, Kostenreduzierung sowie einer Verbesserung der Arbeitsergonomie und Termintreue.

Um die Abläufe im Gesundheitsbetrieb zu strukturieren, sind zunächst die einzelnen **Vorgänge** zu ermitteln. Hierzu ist festzustellen, aus welchen Vorgängen sich der Arbeitsprozess zusammensetzt und welche Arbeitsschritte jeder Vorgang einschließt.

> Im Sinne der Definition des *REFA Verband für Arbeitsstudien und Betriebsorganisation e. V.* wird als Arbeitsvorgang der auf die Erfüllung einer Arbeitsaufgabe ausgerichtete Arbeitsablauf im Gesundheitsbetrieb bezeichnet, bei dem eine Mengeneinheit eines Leistungsauftrages erzeugt wird.

Am Beispiel „Beschaffung von medizinischem Verbrauchsmaterial" könnten das die groben Arbeitsschritte Auftragserteilung, Angebotsvergleich, Bezahlung, Rechnungskontrolle sein. Die Arbeitsschritte und Vorgänge werden üblicherweise in einer bestimmten **Reihenfolge** durchgeführt. Diese Reihenfolge ist festzustellen: erst Angebotsvergleich, dann Auftragserteilung, danach Rechnungskontrolle und zum Schluss die Bezahlung.

Die Vorgänge werden an einem oder mehreren Arbeitsplätzen ausgeführt. Für jeden Vorgang sind daher die zugehörigen **Arbeitsplätze** und deren aufbauorganisatorische Einordnung zu ermitteln. In unserem Beispiel könnte das der Arbeitsplatz der Verwaltungshelferin in einer Zahnarztpraxis sein.

Da jeder Vorgang in der Regel durch eine bestimmte Informationseingabe, durch das Eintreffen einer Bedingung oder durch Formulare, Belege ausgelöst wird, sind diese notwendigen **Eingaben/Input** festzuhalten. So würde beispielsweise der Vorgang „Beschaffung von medizinischem Verbrauchsmaterial" durch die Information, dass der Lagerplatz des jeweiligen Verbrauchmaterials aufgefüllt werden muss, ausgelöst.

Jeder Vorgang beinhaltet einen bestimmten Arbeitsauftrag. Diese **Verarbeitung** muss nach bestimmten, zu beschreibenden Arbeitsregeln oder Entscheidungsregeln für die Durchführung der Vorgänge erfolgen. In unserem Beispiel müsste definiert werden, welche Kataloge zu durchforsten sind, in welcher Weise der Auftrag erteilt wird und wie die Materialeingangskontrolle durchgeführt wird.

Schließlich sind die Informationen/Ergebnissen/Belege als **Ausgabe/Output** zu definieren, die aus dem Vorgang hervorgehen sollen: Überweisungsbeleg, Rechnung zur Buchhaltung und Information an den Chef und die Kolleginnen, dass das benötigte Material eingetroffen ist (siehe Tabelle 3.1).

Tabelle 3.1   Prozessgestaltung am Beispiel der Beschaffung von medizinischem Verbrauchsmaterial.

Gestaltungsschritt	Beispiel
Vorgangsermittlung	Auftragserteilung, Angebotsvergleich, Bezahlung, Rechnungskontrolle etc.
Reihenfolgefestlegung	Erst Angebotsvergleich, dann Auftragserteilung, danach Rechnungskontrolle und zum Schluss die Bezahlung.
Arbeitsplatzzuordnung	Verwaltungshelferin

Gestaltungsschritt	Beispiel
Eingaben-/Input-Definition	Information, dass der Lagerplatz des jeweiligen Verbrauchmaterials aufgefüllt werden muss.
Verarbeitungsregelung	Produktsuche im Online-Katalog, schriftliche Bestellung per Fax etc.
Ausgaben-/Output-Definition	Überweisungsbeleg, Rechnung zur Buchhaltung und Information, dass das benötigte Material eingetroffen ist.

Um den Ablauf auch quantitativ richtig zu gestalten, kann es auch wichtig sein, die **Mengen**, die bei dem Ablauf bearbeitet werden, festzuhalten. Dabei ist zunächst die Festlegung repräsentativer **Bezugsgrößen** von Bedeutung, um die einzelnen Vorgänge quantifizieren zu können (zum Beispiel Fallzahlen, Belegungsquoten etc.). Zum einen sind dabei die *aktuellen* Mengen als die zum Zeitpunkt der Analyse/Gestaltung der Ablauforganisation gegeben Arbeitsmengen zu ermitteln und zum anderen die *zukünftigen* Mengen, da Ablaufsysteme für einen längeren Zeitraum geplant werden und daher während ihrer Einsatzdauer Veränderungen der aktuellen Menge erfolgen können. Hierzu bieten sich die Berücksichtigung von Mittelwerten, gleitenden Mittelwerten, der exponentielle Glättung oder auch der Regressionsanalyse an.

Die Ermittlung der **Zeiten** bei einem Arbeitsablauf schließt mehrere Aufgaben ein. Zum einen ist die **Arbeitszeit** je Vorgang (auch: Auftragszeit) zu definieren. Sie umfasst nach *REFA* die Zeitspanne vom Beginn bis zum Ende eines Vorganges ohne Liege- und Transportzeiten. Am Beispiel von Laboruntersuchungen wäre das die reine Untersuchungszeit ohne etwa die Zeitanteile für den Transport der Probe ins Labor oder die „Liegezeit", bis die Probe untersucht wird. Die Summe der Arbeitszeiten aller Vorgänge ergibt die Gesamtarbeitszeit.

Zum anderen ist die **Durchlaufzeit** zu bestimmen. Sie stellt nach *REFA* die Differenz zwischen End- und Starttermin eines Vorganges dar und ist somit die Summe aus Arbeitszeit, Liege- und Transportzeit je Vorgang.

Auch der **Zeitpunkt**, zu dem Arbeiten vorgenommen werden, ist von Bedeutung. Es gibt die *kontinuierliche/ständige* Arbeitsdurchführung, die eine andauernde Arbeitsdurchführung während der ganzen Arbeitszeit bedeutet. Das wäre etwa bei langwierigen, mehrstündigen operativen Eingriffen die Folge. Die *diskontinuierliche/unterbrochene* Arbeitsdurchführung hingegen beinhaltet eine immer wieder aufgenommene Bearbeitung. Man spricht hierbei auch von einer Stapelbearbeitung, bei der eine Bearbeitung nur dann erfolgt, wenn ein Bearbeitungsstapel gegeben ist, wie etwa bei der Bearbeitung mehrerer Proben hintereinander im Labor.

Schließlich ergibt sich bei einer regelmäßig diskontinuierlichen Arbeitsdurchführung aus den Durchführungszeitpunkten ihre **Häufigkeit** oder Frequenz: täglich, wöchentlich, monatlich, vierteljährlich etc., wie beispielsweise die tägliche Grundreinigung der OP-Räume. Wird dagegen eine unregelmäßige, diskontinuierliche Arbeitsdurchführung vorgenommen, so kann nur deren durchschnittliche Frequenz oder der Mittelwert der Häufigkeit ermittelt werden.

Die Strukturierung eines Ablaufes schließt auch die Feststellung der in diesem Arbeitsablauf eingesetzten **Sachmittel** ein. Aus Praktikabilitätsgründen ist dabei auf die Zuordnung allgemein üblicher Sachmittel zu verzichten und nur die ablaufspezifischen Sachmittel sind zu erfassen. Die Zuordnung kann anhand der Merkmale Sachmittelart, Menge, Einsatzart, verfügbare und benutzte Kapazität und Mehrfacheinsatz bei anderen Arbeitsabläufen erfolgen (siehe Tabelle 3.2).

Tabelle 3.2   Beispiel für eine Sachmittelzuordnung bei der Prozessgestaltung.

Merkmal	Beispiel
Sachmittelart	Röntgengerät
Menge	1
Einsatzart	Dauereinsatz
Kapazität	10 Röntgenaufnahmen/Stunde
Mehrfacheinsatz	Mitbenutzung des Gerätes durch andere Stationen

Im Rahmen der **Kapazitäten** sind nun noch die Personalkapazitäten zu ermitteln. Dies umfasst die verfügbare Personalkapazität und die benötigte Personalkapazität. Beide müssen grundsätzlich für jeden Arbeitsgang bestimmt werden. Zweckmäßigerweise ist dabei eine **Maßeinheit** wie „Stunden je Arbeitstag", „Wochenstunden" oder „Personentage je Monat" zu wählen. Neben dieser quantitativen Ermittlung der Personalkapazität sind weiterhin das Vorhandensein und die Erfordernis von **Merkmalen** wie Qualifikation, Spezialkenntnisse, Befugnisse etc. festzustellen und auch diese auf den einzelnen Arbeitsvorgang zu beziehen.

3.2 Modellierung und Darstellung von gesundheitsbetrieblichen Prozessen

Bei der **Prozessmodellierung** im Gesundheitsbetrieb geht es um die grafische Darstellung der Abläufe. Es gilt die Prozesse zu dokumentieren und Kenntnisse über sie zu erlangen, gleichzeitig aber auch , neue Organisationsstrukturen einzuführen, Abläufe umzugestalten oder zu straffen und organisatorische Veränderungen zu begleiten.

Die Definition der Prozesse beginnt häufig mit den **Kernprozessen** des Gesundheitsbetriebs, weil sie einen wesentlichen Beitrag zum Erfolg des Betriebs liefern, eine starke Außenwirkung entfalten und das größte Potenzial für eine Prozessoptimierung bieten, sowohl durch Verbesserung der Leistungserstellung und damit des Patientenservices, der Produktivität und durch Senkung der Kosten. Bis zu zehn selbstständige, aber in der Regel untereinander vernetzte Kernprozesse decken meistens die Leistungsspanne eines Gesundheitsbetriebs ab.

Die *Swisslog Holding AG*, Buchs (Schweiz), eine Anbieterin von innerbetrieblichen Logistiklösungen für Spitäler, definiert die Verbesserung des Gesundheitszustandes der Patienten als Kernleistungen (Primärprozess: Diagnose, Therapie, Pflege), welche eine Nachfrage von patientenbezogenen Nebenleistungen auslöst: patientennahe medizinische Sekundärprozesse (Arzneimittelversorgung, Laborwesen, medizinische Dokumentation etc.) patientenbezogene nicht-medizinische Sekundärprozesse (Verpflegung- und Wäscheversorgung in Krankenhäusern etc.) sowie nicht direkt am Patienten zu erbringende Leistungen (Abfallentsorgung, Postverteilung etc.) als patientenferne Tertiärprozesse.

Die Verantwortung für komplette, in sich abgeschlossene Prozesse wird einem Prozessverantwortlichen (Prozess-Owner) übergeben, der die notwendigen Rahmenbedingungen schafft, seine Vorgehensweise mit anderen Prozessverantwortlichen koordiniert und sich um den Informationsaustausch zwischen den einzelnen Kernprozessen kümmert, um die gesamte Zielorientierung aller Abläufe im Gesundheitsbetrieb sicherzustellen.

Bei der Modellierung von Kernprozessen aus Teilprozessen und Elementarprozessen werden sogenannte **Wertschöpfungskettendiagramme** erzeugt, die ein Modellierungsmodell darstellen, welches für den Gesundheitsbetrieb beispielsweise folgende wichtige Prozesse zusammenfasst:

- Managementprozesse,

- medizinische, pflegerische Leistungserstellungsprozesse,

- Unterstützungsprozesse.

Mit ihrer Hilfe lassen sich Verbesserungen bei Liegezeiten, Wartezeiten, Arbeitszeiten im Management der Prozesse ermitteln.

Bei einer Prozessmodellierung der *Universität Zürich* wurde ein Routineprozess aus der Angiologie-Abteilung (Behandlung von Arteriosklerose mittels eines speziellen Behandlungsverfahrens, PTA) eines schweizerischen Universitätsspitals mit ca. 1.000 Patienten pro Jahr aus der ganzen Schweiz untersucht. Ziel war es dabei, anhand einer Modellierung des Ist-Zustandes (siehe Tabelle 3.3) eine Prozessanalyse durchzuführen, um zu einer Optimierung zu gelangen (in Klammern Ist/Soll-Werte): Tage (7/5), Warten (6/5), Transporte (10/9) etc.

In Abbildung 3.1 sind einige Darstellungsmöglichkeiten für Prozesse im Gesundheitsbetrieb wiedergegeben:

Mithilfe von **Listen** lassen sich vorzugsweise lineare Abläufe darstellen, die keine Alternativbearbeitung, Schleifenbearbeitungen oder Parallelbearbeitungen aufweisen. **Ablaufdiagramme** stellen eine Kombination zwischen tabellarischer und symbolischer Darstellungstechnik dar. Sie eignen sich allerdings auch nur für die Abbildung linearer Abläufe.

Bei einem **Blockschaltbild** werden in einer Matrix Tätigkeiten, Stellen und Aufgaben miteinander verknüpft. Im jeweiligen Schnittpunkt von Zeilen und Spalten können dann beispielsweise Aufgaben, Eingabedaten, Ergebnisdaten oder Datenträger genannt werden. Das Blockschaltbild eignet sich ebenfalls vornehmlich für lineare Abläufe. Jedoch können auch einfache Alternativen oder Schleifen mit ihm dargestellt werden.

Das **Flussdiagramm** ist an die Symbolik eines Datenflussplanes nach *DIN 66001* angelehnt und bietet den Vorteil, auch Alternativen, Schleifen und Parallelbearbeitungen gut darstellen zu können. Es ist eine häufig eingesetzte Dokumentationstechnik, die für vielfältige Ablaufarten gut verwendet werden kann.

Tabelle 3.3   Auszug aus einer Prozessmodellierung der *Universität Zürich* eines Beispielprozesses aus der Angiologie-Abteilung eines schweizerischen Universitätsspitals.

Tag	Vorgang	Vorgangsart	Dauer in Min.
1	Anmeldung Schalter	Aktivität	1-2
	Transport zum Behandlungszimmer	Transport	5-15
	Wartezone Behandlungszimmer	Warten	10
	Durchführung Oszillographie	Aktivität	20-30
	Untersuchung Arzt	Aktivität	1-15
	Information Oberarzt	Kontrolle	10
	Aufklärung über Diagnose	Aktivität	3
	Transport zur Blutabnahme/Gefäßröntgen	Transport	5-15
	Wartezone Gefäßröntgen	Warten	5
	Blutabnahme/Gefäßröntgen	Aktivität	1-15
	Entlassung	Verwaltung	3

Tag	Vorgang	Vorgangsart	Dauer in Min.
2	Anmeldung Schalter Röntgen	Aktivität	3
	Transport zu Gefäßröntgen	Transport	5-20
	Wartezone zu Gefäßröntgen	Warten	30-60
	Gefäßröntgen	Aktivität	10
	Transport	Transport	240
	Überwachung nach Eingriff	Kontrolle	3
	Entlassung	Verwaltung	3
3	Befundbesprechung	Aktivität	5-30
4	Aufnahme stationär	Aktivität	5
	Transport	Transport	5
	Wartezeit	Warten	5-15
	Status und Anamnese	Aktivität	10-20
	Transport Station	Transport	5
	Stationärer Aufenthalt	Warten	
5	Transport zur PTA	Transport	5
	PTA (eigentlicher Eingriff)	Aktivität	30-120
	Transport Station	Transport	5-20
	Überwachung	Kontrolle	
6	Transport	T Transport	5-20
	Nachkontrolle Oszillogramm	Aktivität	10
	Untersuchung	Aktivität	10
	Rücktransport Station	Transport	5-20
	Entlassung nach Hause	Verwaltung	5-20

Tag	Vorgang	Vorgangsart	Dauer in Min.
7	Nachkontrolle nach ein bis drei Monaten	Aktivität	

Abbildung 3.1 Darstellungsmöglichkeiten für Prozesse im Gesundheitsbetrieb.

Lfd.Nr.	Vorgang	Stelle
1.	Materialbedarf feststellen	MFA
2.	Preise vergleichen	MFA
3.	Auftrag erteilen	MFA
4.	Materialeingang kontrollieren	MFA
5.	Überweisung erstellen	Verw.-Helferin
6.	Überweisung unterschreiben	Arzt
7.	Rechnungsbetrag überweisen	Verw.-Helferin
8.	Rechnung verbuchen	Verw.-Helferin

Liste

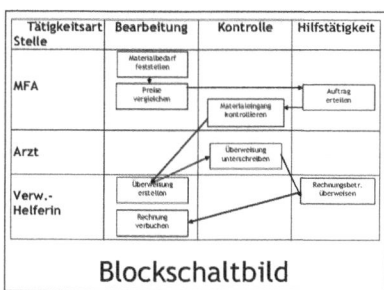

Blockschaltbild

Lfd. Nr.	Vorgang	MFA	Arzt	Verw.-Helferin
1.	Materialbedarf feststellen			
2.	Preise vergleichen			
3.	Auftrag erteilen			
4.	Materialeingang kontrol.			
5.	Überweisung erstellen			
6.	Überweisung unterschr.			
7.	Rechnungsbetrag überw.			
8.	Rechnung verbuchen			

Ablaufdiagramm

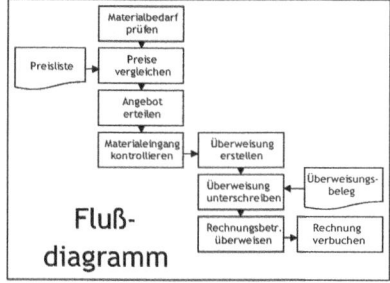

Flußdiagramm

3.3   Optimierung von Prozessen im Gesundheitsbetrieb

Langjährig unveränderte Arbeitsprozesse bergen Verbesserungspotenziale, die es aufzudecken gilt. In diesem Zusammenhang übernimmt die **Prozessoptimierung** eine wichtige Funktion, wenn es darum geht, Abläufe im Gesundheitsbetrieb zu optimieren, die ablauforganisatorischen Strukturen anzupassen und Verbesserungsmaßnahmen umzusetzen. Die Aufgabe der Prozessstrukturierung ist nicht einmalig, denn die einzelnen Bereiche und Arbeitsabläufe im Gesundheitsbetrieb lassen sich aufgrund neuer Entwicklungen und Erfahrungen ständig besser gestalten. Hinzu kommt, dass mangelnde Organisation oft zu Unzufriedenheit bei den Patienten und beim Personal führt. Eine Erhöhung des Arbeitstempos stellt keinen Ersatz wichtiger organisatorischer Maßnahmen dar und führt nicht zu grundlegenden Änderungen. Auch ist der Nutzeneffekt nur vereinzelt durchgeführter organisatorischer Optimierungsmaßnahmen nicht sehr hoch.

Dauerhafte und möglichst erfolgreiche Prozessoptimierungen lassen sich nicht durch aufgezwungene Einzelmaßnahmen und stärkerem Druck auf die Mitarbeiter erreichen. Diese müssen sich darum bemühen, offen zu sein für Veränderungen. Wenn gute Ideen nicht in die Tat umgesetzt werden, stehen oft Vorbehalte, Ängste und Unsicherheiten im Weg. Begeisterungsfähigkeit für Veränderungen ist notwendig. Wichtig ist eine gemeinsame Vision, wie die Prozesse zukünftig ausschauen sollen. Nur wenn dieses Vorhaben von allen Mitarbeitern gemeinsam getragen wird, lassen sich auch alle organisatorische Aktivitäten auf ein gemeinsames Ziel ausrichten. Der Patient ist als „Kunde" ein wesentlicher Bestandteil des Gesamtsystems. Der Gesundheitsbetrieb muss sich nach ihm ausrichten und seine Prozesse möglichst patientenorientiert organisieren (siehe **Abbildung 3.2**).

Abbildung 3.2   Voraussetzungen für eine erfolgreiche Prozessoptimierung.

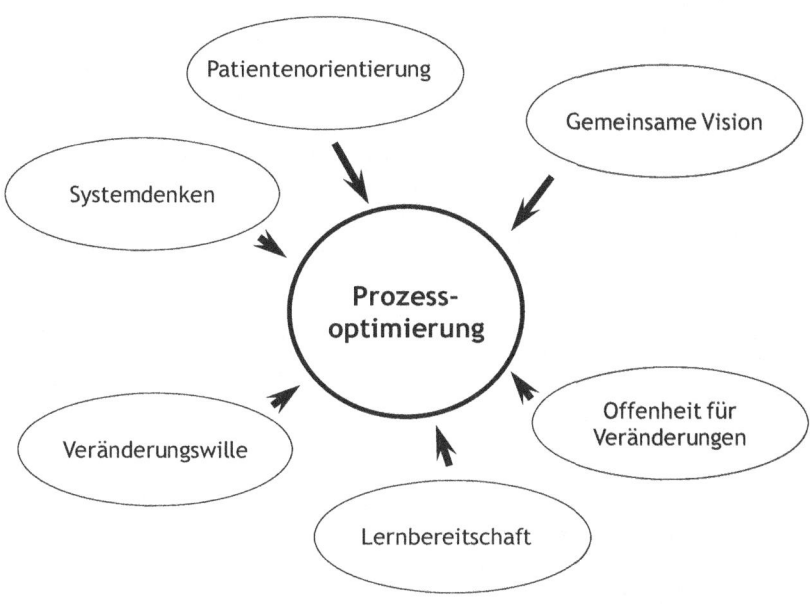

Der **Ablauf** der Prozessoptimierung beginnt in der Regel mit einem von den Mitarbeitern oder den Patienten empfundenen Problem, welches zu einem Veränderungsbedürfnis führt. In dieser Vorphase ist das Problem jedoch noch unscharf beschrieben, oftmals gehen die Meinungen über Art und Ausmaß des Problems und die Lösungsmöglichkeiten auseinander. In einer anschließenden Diagnosephase steht die Sammlung und Aufbereitung von problemrelevanten Daten im Vordergrund, um das empfundene Problem für alle Beteiligten im Gesundheitsbetrieb möglichst zu objektivieren. In der Entwicklungsphase sind strukturelle und personelle Veränderungen zu planen und durchzuführen. Den Abschluss bildet eine Stabilisierungsphase, in der die eingeleiteten Prozessänderungen fortlaufend überprüft und wenn nötig durch ergänzende Aktivitäten in ihrer Wirkung abgesichert werden (siehe **Tabelle 3.4**).

Zu den bekanntesten Prozessoptimierungskonzepten zählt die **Prozess-neugestaltung** *(Health Process Reengineering)*, die eine grundlegende, radikale Neugestaltung und Flexibilisierung aller im Gesundheitsbetrieb ablaufenden Prozesse zum Inhalt hat, um die Kostensituation und die Handlungsgeschwindigkeit zu verbessern. Dabei findet ein grundlegendes Überdenken des Betriebs und seiner gesamten Prozessorganisation statt. Es gilt, die Durchlauf- und Wartezeiten zu verkürzen, sich auf die Kernkompetenzen zu beschränken, Qualität, Patientenservice und Produktivität zu steigern sowie die medizinische Leistungserstellung durch den Abbau von Hierarchien zu beschleunigen.

Ein weiteres Konzept stellt der **Kontinuierliche Verbesserungsprozess (KVP)** dar, der eine stetige Verbesserung der medizinischen Leistungserstellungs-, Prozess- und Patientenservicequalität zum Ziel hat. Die Mitarbeiter analysieren dabei ihren Arbeitsbereich in Teams, erarbeiteten konkrete Verbesserungsvorschläge und werden zur Umsetzung ihrer Ideen ermächtigt. Dazu wird eine Kultur im Gesundheitsbetrieb benötigt, die die Ideen der Mitarbeiter ausdrücklich unterstützt und anerkennt.

Tabelle 3.4   Phasen der Prozessoptimierung in Anlehnung an Becker (1990).

Phasen	Beschreibung	Fragestellungen
Vorphase	– Entstehung des Veränderungsbedürfnisses, Auftauchen von Problemen – Bestimmung der zu ändernden Prozesse – Einbeziehung der Betroffenen	– Was braucht der Gesundheitsbetrieb, um seine Ziele zu erreichen? – Wo liegen die Kernprobleme/die größten Potenziale?
Diagnose-phase	– Sammeln und Aufbereiten von Daten (Strukturen, Arbeitsabläufe etc.) – Feedback der aufbereiteten Daten (Diskussion und Analyse, Ansätze für Veränderungen etc.)	– Wie werden die Personal- und Materialressourcen eingesetzt?

Entwicklungs-phase	− Planung der erforderlichen Änderungen (personale und strukturelle Maßnahmen, Konkretisierung etc.) − Durchführung der Veränderungsaktion (Realisierung der Prozessveränderungen)	− Wie kann schneller, besser, einfacher gearbeitet werden? − Wie muss die Ablauforganisation angepasst werden?
Stabilisierungs-phase	− Stabilisierung (Absicherung durch Messungen, Weiterbildungsmaßnahmen, Erfahrungsaustausch) − Erfolgskontrolle (Bewertung und Beurteilung der Prozessoptimierung)	− Was ist zu tun, damit die Umsetzung erfolgreich ist? − Welche Systemunterstützung wird benötigt?

Bei dem Konzept, das als **Klinischer Pfad** *(Clinical Pathway)* bezeichnet wird, sind vergleichbare Prozesse für Gesundheitsbetriebe vordefiniert: Der Patient wird nach einem standardisierter Behandlungsplan, der bestimmte durchzuführende Untersuchungen bzw. Behandlungen festlegt, je nach Krankheitsbild kriterienorientiert und in der Regel interdisziplinär, unter Beteiligung mehrerer Fachdisziplinen, durch den Gesundheitsbetrieb durchgeleitet. Durch eine transparente Aufgabenverteilung und die klare Festlegung von Verantwortlichkeiten sowie die gute Kenntnis der Mitarbeiter über den Behandlungsverlauf aufgrund klar definierter Abläufe, kann die Patientenzufriedenheit gestärkt werden. Gleichzeitig soll eine Reduktion der Verweildauer erreicht werden, durch Vermeidung unnötiger Tests, Therapien und Doppeluntersuchungen.

Eine Untersuchung der *Gesellschaft für Operations Research – OR im Gesundheitswesen* an der *Universität des Saarlandes* zur „Prozessoptimierung im Krankenhaus am Beispiel Klinischer Pfade und Terminplanung an einer deutschen Universitätsklinik" hat unter anderem folgende Einflussfaktoren und Ursachen für Verzögerungen in Prozessabläufen festgestellt: „Notfälle mit Vorrang, Platzangst mit Unterbrechung (Beruhigungsmittel) oder Abbruch, keine präzise Voranmeldung des Untersuchungsgegenstandes, Patient muss auf klinikinternen Überweisungsschein warten, Defekt am Gerät oder am Computer, Transportdienst nicht rechtzeitig, überlasteter Transportdienst (Unterbesetzung und zu wenige Fahrzeuge, Transport nicht nur von Personen (Blutkonserven, Röntgenbilder,...), Schiebetransporte (kein extra Personal), Einspringen bei „fachfremden" Touren), Transport-Ressourcen nicht geschont (Hinfällige Transportanfragen nicht storniert, aktuelle (geänderte) OP-Pläne nicht mitgeteilt, Verfügbarkeit von Transport-Ressourcen öfter nicht sichergestellt), Transporte zu spät angemeldet („Spontan"-Transporte unmöglich)."

Grundlage sind dabei die **Diagnosis Related Groups (DRG)**, die diejenigen Fälle im Gesundheitsbetrieb zusammenfassen, welche in Bezug auf den diagnostischen, therapeutischen und versorgungstechnischen Aufwand von Beginn an bis zum Ende des Aufenthaltes einen ähnlichen Ressourcenverbrauch aufweisen, und dadurch auch in Bezug auf ihre Kosten weitgehend einheitlich sind. Dadurch, dass jeder Patient einer Fallgruppe nach *DRG* zugeordnet wird, erfolgt eine Honorierung der stationären Behandlung zu pauschalisierten Preisen.

Bei einem **Patientenpfad** steht der gesamte Prozess und nicht nur der eigentliche Behandlungsablauf im Vordergrund, sodass der Patient aufgrund eines optimierten, transparenten und klar definierten Prozesses über den Stand der Behandlung und die weitere Vorgehensweise informiert ist.

Im Gegensatz zu allgemeinen IT-Systemen im Gesundheitsbetrieb, die primär daten- und funktionsorientiert arbeiten, stellen *Workflowsysteme (WFS)* den Arbeitsablauf in den Vordergrund. Während die Mitarbeiter in der Welt herkömmlicher Datenverarbeitungssysteme die Abläufe selbst festlegen und sich danach von Anwendung zu Anwendung bewegen müssen, je nachdem, welchen Bearbeitungsschritt er gerade vollzieht, arbeitet ein **Workflow** prozessorientiert und gibt die Abläufe über einzelne Arbeitsplätze hinweg im Sinne einer einheitlich strukturierten Prozessorganisation vor. Unter Workflow ist somit ein rechnergesteuertes Hilfsinstrument zur Automatisierung und lückenlosen Verfolgung von Prozessen im Gesundheitsbetrieb zu verstehen.

Zum Beispiel lassen sich nach Angaben von *U. Prokosch, Lehrstuhl für medizinische Informatik an der Friedrich-Alexander-Universität Erlangen-Nürnberg* und CIO des Universitätsklinikums Erlangen, mithilfe eines elektronischen WFS und auf der Basis einer elektronischen Patientenakte kritische Kaliumwerte eines Patienten automatisiert anzeigen, die zur Anordnung eines neuen Labortests und zu weiteren Eskalationsstufen (Warnhinweise, Benachrichtigungen, Erinnerungsfunktionen etc.) innerhalb festgesetzter Zeiten führen.

Der Einsatz eines Workflowsystems versetzt die Mitarbeiter in die Lage, den tatsächlichen Ablauf eines Vorganges abzubilden und alle an einem Vorgang im Gesundheitsbetrieb beteiligten Personen in den Informationsfluss einzubeziehen. Die Organisationshierarchie wird dadurch vollautomatisch unterstützt, und der jeweilige Bearbeitungsstand eines Vorganges kann von jedem in das System integrierten Arbeitsplatz eingesehen und kontrolliert werden. Workflow unterstützt somit allgemein strukturierbare Vorgänge und trägt zu einer weitgehenden Automatisierung von Routinetätigkeiten im Gesundheitsbetrieb bei. Es ermöglicht dadurch die Steuerung der Prozessorganisation und die damit verbundene Implementierung und rasche Aktualisierung von aufbau- und ablauforganisatorischen Regelungen. *WFS* stellen somit die technische Basis für das Management und die effiziente Kontrolle von Prozessketten im Gesundheitsbetrieb dar. Die Aufgabe von *WFS* ist es, sich wiederholende (repetitive) Prozesse betriebsübergreifend zu automatisieren. Mit dieser Funktion gehen die Kontrolle und Aufzeichnung unterschiedlicher Aufgaben und Arbeitsabläufe sowie die Bereitstellung und Kombination aller notwendigen Informationen einher.

Die Anwendung von Workflowsystemen wird auch durch Arztpraxisinformationssysteme unterstützt. Nicht nur für Bestellpraxen bestehen in der Regel Möglichkeiten der automatisierten Terminverwaltung. Mit der Anmeldung des Patienten in der Praxis wird sein Name üblicherweise zusammen mit der Ankunftszeit in der Terminliste vermerkt. So kann der Praxisablauf automatisch gesteuert werden, indem beispielsweise Terminpatienten nach der Terminliste in der Reihenfolge ihrer Termine unabhängig von der Ankunftszeit behandelt werden und Vorrang vor unangemeldeten Patienten erhalten. Da auf die Terminliste grundsätzlich von jedem Arbeitsplatz aus zugegriffen werden kann, lässt sich der Praxisablauf optimal organisieren. Bei Notfällen oder anderen unvorhersehbaren Vorkommnisse ist es möglich, in den Workflow einzugreifen und den vorgesehenen Ablauf außer Kraft zu setzen. Auch lassen sich telefonisch oder bei der letzten Behandlung vereinbarte Termine für eine zusätzliche Behandlungs- oder Untersuchungsart elektronisch vermerken. Mithilfe der Terminliste können diejenigen Patienten automatisch herausgefiltert werden, die ihren Termin versäumt haben oder demnächst für aufwändige Untersuchungen anstehen. Diese Patienten kann die Praxis gezielt ansprechen.

Eine Prozessoptimierung im Gesundheitsbetrieb ist oft auch im Rahmen des sogenannten **Change Managements** *(Veränderungsmanagement)* möglich. Darunter lassen sich Maßnahmen und Tätigkeiten verstehen, die umfassende, betriebsübergreifende und inhaltlich weit reichende Veränderungen zur Umsetzung von neuen Strukturen und Prozessen in einem Gesundheitsbetrieb zum Ziel haben.

Dr. C. Geissler vom *Städtischen Klinikum München (StKM)* fast unter *Change Management* die Eliminierung von Leerlaufprozessen und Doppelvorhaltung, die Überführung von Teilprozessen in den Gesamtprozess (Reintegration), die Prozessverlagerung (Relocation), die Prozessverkürzung (Reduction) sowie den Prozessumbau bzw. die Neugestaltung (Restructuring) zusammen. Im Rahmen des *Change Managements* erfolgt die Prozessoptimierung durch die Bildung horizontaler Hierarchien, genauer gesagt durch die Einführung von Zentren: organbezogen oder organsystembezogen (Lungenzentrum, Herzzentrum), methodenbezogen (Laborzentrum), interdisziplinär krankheitsbezogen (Tumor-Zentrum) oder patientengruppenbezogen (Mutter-Kind-Zentrum). Die Zentren sind im *StKM* abteilungsübergreifend an einem Standort, an mehreren Standorten oder standortübergreifend und aus einer Gesamtabteilung bestehend organisiert. Zu ihren wesentlichen Aufgaben gehören unter anderem: fest etablierte und dokumentierte Arbeitssitzungen, intensive Abstimmungen bei gleichen oder ähnlichen Prozessen, gemeinsame Bereitschaftsdienste (wo dies möglich ist), gemeinsame Belegungssteuerung, die gemeinsame Entwicklung von Behandlungspfaden sowie ein abgestimmtes Qualitätsmanagement.

4 Organisationstechniken und -instrumente

4.1 Erhebungsinstrumente

Die **Erhebungsinstrumente** sind Methoden zur Ermittlung des aktuellen Zustandes (Ist-Zustand) der Aufbau- und Ablauforganisation des Gesundheitsbetriebs. Sie sollen insbesondere zur Informationsbeschaffung für die Problemlösung dienen.

Die **Interviewtechnik** ist die am häufigsten eingesetzte Ist-Aufnahmemethode. Sie stellt eine persönliche Befragung durch einen Interviewer dar und lässt sich einsetzen, um Arbeitsabläufe, Datenflüsse oder komplexe Sachverhalte im Gesundheitsbetrieb zu erheben. Zu ihrer Vorbereitung ist ein Katalog der benötigten Informationen zusammenzustellen, die Auswahl der relevanten Gesprächspartner zu treffen und ein Interviewplan festzulegen. Bei der Durchführung wird im Rahmen der Einführungsphase zunächst versucht, eine positive Gesprächsatmosphäre zu erreichen. Es werden Aufgabe und Zweck des Gesprächs erläutert. In der Befragungsphase versucht der Interviewer, alle benötigten Informationen zu erlangen. Die Schlussphase wird dazu benutzt, die Einstellung der befragten Mitarbeiter in Erfahrung zu bringen und die Mitarbeiter positiv für die beabsichtigte Verbesserung der Organisation des Gesundheitsbetriebs zu motivieren. Im Rahmen der Auswertung müssen das durchgeführte Interview zunächst auf Vollständigkeit im Hinblick auf die benötigten Informationen und die Interviewaussagen auf Fehler (Plausibilität) geprüft werden. Die wesentlichen Interviewergebnisse sind zweckmäßigerweise schriftlich festzuhalten. Die wichtigsten Vorteile des Interviews liegen in der Ermittlung des tatsächlichen Ist-Zustandes, der Vertiefungsmöglichkeiten durch Zusatz- und Verständnisfragen sowie in der Motivation der befragten Person. Auch können Hilfsmittel (Aufzeichnungsgeräte etc.) eingesetzt und Interviewerbeobachtungen (beispielsweise Interesse, Desinteresse beim Befragten) festgehalten werden. Die Nachteile liegen vorwiegend in dem hohen Zeitaufwand (in der Regel ein bis zwei Stunden), der Auswertung der mitunter ungenauen Antworten und in der Tatsache, dass der interviewte Mitarbeiter in seiner Arbeit gestört wird.

Die **OSSAD-Methode** (OSSAD: Office Support Systems Analysis and Design) ist ursprünglich eine Analyse- und Designmethode für Informationssysteme im Büro. Zentrales Anliegen ist die Optimierung von organisatorischen Systemen und Abläufen, damit neue Technologien bestmöglich eingesetzt werden können. Sie eignet sich im Übrigen sehr gut für die Erhebung und Dokumentation von Abläufen im Gesundheitsbetrieb, da sie die Vorteile des Interviews nutzt. Bei der Erhebung von Abläufen auf der Basis von OSSAD eignet sich folgende Vorgehensweise:

- mehrere Teilnehmer(innen),

- jeder soll für sich den gefragten Ablauf beschreiben,

- jeweils ein Vorgang wird dabei auf einem Kärtchen notiert,

- ausschließliches Beschreibungsprinzip: Hauptwort + Verb (Beispiel: „Vorgang notieren"),

- Zeitbegrenzung,

- Moderator liest jedes einzelne Kärtchen vor,

- Reihenfolge der einzelnen Vorgänge (Kärtchen) wird im Praxisteam diskutiert,

- gemeinsam wird der Ablauf anhand der Kärtchen an einer Pinnwand abgebildet.

Die **Fragebogenerhebung** gilt als weniger aufwändig als das Interview und eignet sich daher, um für statistisch zuverlässige Aussagen eine größere Anzahl von Mitarbeitern zu befragen. Dabei können verschiedene Fragebogenarten zur Anwendung gelangen (siehe **Tabelle 4.1**).

Durch die Standardisierung von Fragen und Antwortmöglichkeiten lässt sich zwar eine große Anzahl von Mitarbeitern erfassen, allerdings kann auf diese Weise nicht individuell auf jeden Befragten eingegangen werden, da durch die Vorgabe von Antwortmöglichkeiten eine Einflussnahme und Einschränkung stattfindet.

Tabelle 4.1   Fragebogengestützte Datenerhebung im Gesundheitsbe-
                   trieb.

Fragebogenart	Erläuterung
Offen	Individuelle Liste von interessierenden Fragen.
Teilstandardisiert	Die Fragen sind einheitlich formuliert und angeordnet; die Befragten können frei antworten.
Standardisiert	Die Fragen sind einheitlich formuliert und angeordnet; die Befragten können zwischen vorgegebenen Antworten auswählen.
Normiert	Die Fragen sind einheitlich formuliert und angeordnet; sie werden unverändert in regelmäßigen Abständen gestellt, um über einen längeren Zeitraum eine repräsentative Entwicklung des sich verändernden Antwortverhaltens auswerten zu können.

Die **Dokumentenanalyse** dient zur Erhebung bereits dokumentierter Daten. Die schriftlichen Informationsquellen können sämtliche Arten von Unterlagen sein. Auch die Beschaffenheit von Dokumenten kann Gegenstand einer Dokumentenanalyse sein, beispielsweise der Arztbrief als Dokument und gleichzeitig als Teil eines verarbeitenden Prozesses, dessen Zustand sich je nach Bearbeitungsstand ändert (siehe Tabelle 4.2).

Tabelle 4.2   Kennzeichen von Dokumenten im Gesundheitsbetrieb.

Allgemeine Kennzeichen	Mögliche Ausprägungsformen
Physikalische Beschaffenheit	Papier, Mikrofiche, Datei, Röntgenbild, Film-, Video-, Tonaufzeichnungen
Zuordnung	Rechnung, Mitarbeiterinformation, Patientenverfügung, Sitzungsprotokoll, Patientenakte, Anamneseprotokoll

Allgemeine Kennzeichen	Mögliche Ausprägungsformen
Formalisierung	Briefkopf, Betreff, Bezugnahme, Verweise, Versionsnummer, Seitenzahl, Aktenzeichen, Versichertennummer, Kassenangaben, Status
Zeitbezug	Erstellungsdatum, Änderungsdatum, Zeitpunkt der Kenntnisnahme, Termine
Subjektbezogenheit	Adressat, Empfänger, Absender, Ersteller, Bearbeiter, Teilnehmer
Objektbezogenheit	Arztbrief, Rezept, Anerkenntniserklärung Bericht, Beleg, Protokoll, Vertrag, Rechnungsbeleg, Information, Zertifikat, Liste
Charakterisierung	rechtsverbindlich, informativ

Die Vorteile der Dokumentenanalyse liegen in der Regel bei dem verhältnismäßig geringem Aufwand für die Datenerhebung und der Tatsache, dass die Abläufe im Gesundheitsbetrieb ungestört bleiben. Die Nachteile liegen im Wesentlichen in einer möglicherweise geringeren Aktualität der Dokumente sowie der Unvollständigkeit der Informationen für die Erhebung. Die Dokumentenanalyse eignet sich daher in erster Linie für die Kontrolle und Ergänzung anderer Erhebungsinformationen.

Bei der **Zeitaufnahme** werden Soll-Zeiten durch Messen und Auswerten von Ist-Zeiten ermittelt. Nach *REFA* werden die gemessenen Ist-Zeiten dokumentiert und anschließend ausgewertet, wobei die gemessene Leistung einer Bezugsleistung (Normalleistung) gegenübergestellt, die von jedem geübten und voll eingearbeiteten Mitarbeiter auf Dauer und als Durchschnittsleistung einer Schichtzeit im Gesundheitsbetrieb erbracht werden kann. Sie dient dazu, die Soll-Zeit für eine Arbeitsdurchführung zu bestimmen. Die Soll-Zeit setzt sich nach *REFA* aus folgenden Vorgabezeiten zusammen:

■ *Auftragszeit*: Zeit, die für die Herstellung der Leistung insgesamt zur Verfügung steht,

■ *Rüstzeit*: Vorbereitung der Leistungserstellung (beispielsweise OP-Raum herrichten, Instrumente bereit legen, Händedesinfektion etc.),

■ *Rüstgrundzeit*: regelmäßig auftretende Rüstzeiten,

■ *Rüstverteilzeit*: durch Störungen unregelmäßig auftretende Rüstzeiten,

■ *Ausführungszeit*: Gesamtzeit für die Durchführung des Vorgangs der Leistungserstellung,

■ *Ausführungsgrundzeit*: regelmäßig auftretende Arbeitszeit, die in Form von Richtzeiten vorgebbar ist,

■ *Ausführungsverteilzeit*: durch Störungen unregelmäßig auftretende Arbeitszeit,

■ *Nebenzeit*: beispielsweise Anästhesie, Veränderung der Liegeposition des Patienten,

■ *Hauptzeit*: Zeitraum, in dem der Patient behandelt wird (siehe Abbildung 4.1).

Abbildung 4.1   Vorgabezeiten nach *REFA*.

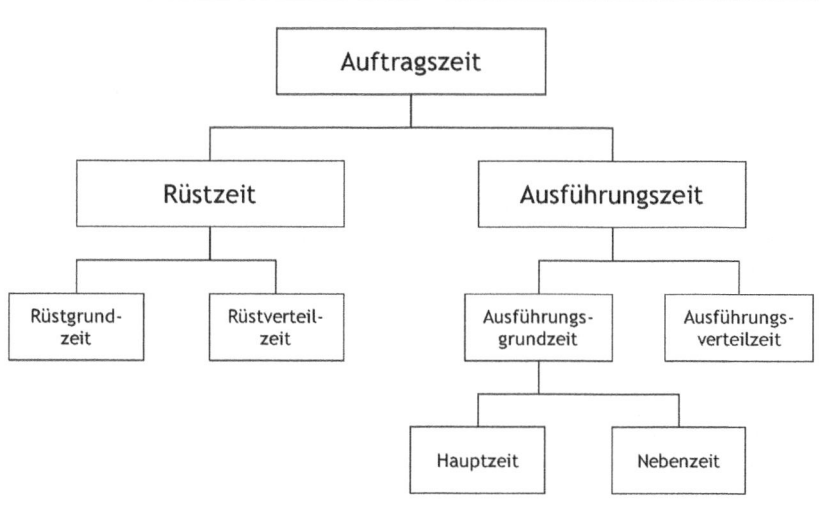

Da die Dauer der Verteilzeiten von persönlichen Bedürfnissen oder Störungen von medizintechnischen Geräten etc. abhängig ist, werden die Verteilzeiten mithilfe einer Verteilzeitaufnahme ermittelt oder durch statistische Methoden geschätzt. Die Zeitaufnahme zeigt zwar objektive und genaue ermittelte Daten auf, geht jedoch mit der Fremdbeobachtung der Mitarbeiter einher und kann beispielsweise keine geistige Tätigkeiten erfassen. Auf jeden Fall sollten die Mitarbeiter vorab informiert und in die Aufnahme einbezogen werden, um eine möglichst hohe Akzeptanz bei allen Beteiligten zu erzielen.

Beim **Multimomentverfahren** handelt es sich um ein Stichprobenverfahren, bei dem aus einer Vielzahl von Augenblickbeobachtungen statistisch gesicherte Mengen- oder Zeitangaben abgeleitet werden können. Zur Vorbereitung sind die im Gesundheitsbetrieb zu beobachtenden Arbeitsplätze, Arbeitsabläufe, Sachmittel, Zeitpunkte festzulegen. Für zu beobachtende Tätigkeiten eignet sich in diesem Zusammenhang oft die Erstellung eines Formulars als Strichliste. Bei der Durchführung wird die jeweilige Beobachtung zum festgelegten Zeitpunkt in die Strichliste eingetragen. Im Rahmen der Auswertung werden Häufigkeiten im Hinblick auf Zeitbedarf, Arbeitsauslastung oder Arbeitsstruktur ermittelt. Die wichtigsten Vorteile des Multimomentverfahrens liegen in den guten Ergebnissen im Rahmen der Wahrscheinlichkeitsrechnung, seinem geringen Aufwand und den geringen Störungen im betrieblichen Ablauf des Gesundheitsbetriebs. Ein wesentlicher Nachteil liegt in möglichen Akzeptanzproblemen der Mitarbeiter, ihre Tätigkeiten „messen" zu lassen.

Die **Selbstaufschreibung** stellt die Erstellung von Berichten durch die Mitarbeiter über ihre ausgeführten Arbeiten dar. Zur ihrer Vorbereitung sind die einzubeziehenden Mitarbeiter festzulegen und ein Formular zu erstellen, das mit geringem Aufwand ausgefüllt werden kann. Die Durchführung umfasst die tägliche/wöchentliche Selbstaufschreibung über längeren Zeitraum von mindestens vier Wochen. Im Rahmen der anschließenden Auswertung werden die Tätigkeiten in Abhängigkeit von Aufgaben, Qualifikation, Sachmitteleinsatz zur Ermittlung von Auslastungsgrad oder Zeitbedarf ermittelt. Die wesentlichen Vorteile der Selbstaufschreibung liegen in der Totalaufnahme ohne allzu großen Aufwand und in den unangreifbaren, da selbst aufgeschriebenen Ergebnissen. Als wesentlicher Nachteil ist die Gefahr einer bewussten und gezielten Verfälschung anzusehen.

4.2   Analyseverfahren

Mit den **Analyseverfahren** versucht man in erster Linie, organisatorische Schwachstellen im Gesundheitsbetrieb zu entdecken und Möglichkeiten zu deren Behebung aufzuzeigen.

Bei der **ABC-Analyse** handelt es sich um ein Verfahren zur Analyse von Objekten, um knappe finanzielle oder personelle Ressourcen des Gesundheitsbetriebs auf die Objekte zu konzentrieren, die den höchsten Erfolgsbeitrag erwarten lassen. Am Beispiel der Kapitalbindung in medizinischen Verbrauchsmaterialien wird die Vorgehensweise der ABC-Analyse deutlich: Im Rahmen der Vorbereitung wird zunächst die Wertermittlung durchgeführt, mit dem Ziel, den Wert für jedes Objekt durch Multiplikation der Menge mit seinem Preis zu ermitteln. In der Durchführung werden der relative Anteil jeder Position am Gesamtwert ermittelt, die Positionen nach fallendem Wert sortiert und die Werte und Anteile kumuliert. Die Auswertung umfasst den Vergleich der kumulierten Prozentanteile des Wertes und der Positionen sowie die Einteilung in die ABC-Klassen. Anhand der Klasseneinteilung können nun Schwerpunkte für organisatorische Maßnahmen abgeleitet werden (beispielsweise intensive Preisvergleiche bei A-Materialien, weniger Aufwand bei C-Materialien). Wesentliche Vorteile der ABC-Analyse sind das Erkennen von Schwerpunkten und die Konzentration auf das Wesentliche. Als Nachteil kann der damit verbundene Rechenaufwand angesehen werden (siehe **Tabelle 4.3**)

Tabelle 4.3   ABC-Analyse der Kapitalbindung in medizinischen Ver-
                   brauchsmaterialien.

Mat.-Nr.	Jahres-bedarf in Stück	Preis / Stück	Jahres-bedarf in €	Rang-folge	Rang	Mat.-Nr.	Jahres-bedarf in €	Anteil vom Gesamt-wert in %	Ku-mu-liert	Wert-gruppe
101	200	80,00	16.000	2	1	102	20.000	39	39	A
102	1.000	20,00	20.000	1	2	101	16.000	31	70	
103	500	5,00	2.500	4	3	107	5.000	10	80	
104	100	2,00	200	12	4	103	2.500	5	85	B
105	3.000	0,80	2.400	5	5	105	2.400	5	90	
106	2.000	0,70	1.400	7	6	108	1.500	2	92	
107	10.000	0,50	5.000	3	7	106	1.400	2	94	
108	5.000	0,30	1.500	6	8	110	900	2	96	
109	4.000	0,20	800	9	9	109	800	2	98	C
110	15.000	0,06	900	8	10	111	700	1	99	
111	14.000	0,05	700	10	11	112	360	0,5	99,5	
112	12.000	0,03	360	11	12	104	200	0,5	100	
			51.760							

Von zwölf Positionen sind drei (25 Prozent) A-Positionen (80 Prozent Wertanteil).
Von zwölf Positionen sind vier (33 Prozent) B-Positionen (14 Prozent Wertanteil).
Von zwölf Positionen sind fünf (42 Prozent) C-Positionen (6 Prozent Wertanteil).

Die **Ursache-Wirkungs-Analyse** untersucht Kausalitätsbeziehungen, indem Problemursachen und ihre Auswirkungen in einem Diagramm grafisch dargestellt werden. Mit Pfeilen werden in der Regel die Abhängigkeiten zwischen im Gesundheitsbetrieb auftretenden Problemen und den
identifizierten Ursachen aufgezeigt. Durch das Ermitteln und Gewichten

von Haupt- und Nebenursachen erfolgt eine systematische und vollständige Analyse der Kausalität von Problemen (siehe **Abbildung 4.2**).

Abbildung 4.2   Ursache-Wirkungs-Analyse von Hygieneproblemen.

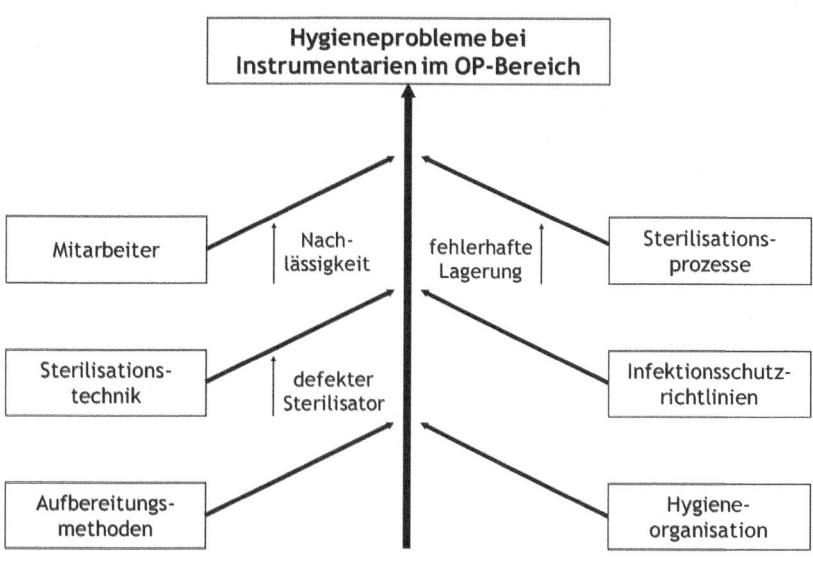

Ein relativ einfaches Analyseverfahren stellt die **Checklistentechnik** dar. Sie ist eine Methode zum Auffinden von Schwachstellen im Gesundheitsbetrieb durch Zusammenstellung logisch abgeleiteter und aus der Erfahrung gewonnener Fragen. Checklisten bestehen häufig aus Fragenkatalogen, die möglichst geschlossene Fragen mit nur wenigen Antwortalternativen in Form von ankreuz- oder anklickbaren Feldern enthalten. Sie lassen sich bei komplexen, immer wiederkehrenden Fragestellungen und Aufgaben im Gesundheitsbetrieb einsetzen, wobei es sich oft als Problem erweist, dass sich allgemeine Fragen vielfältig anwenden lassen, aber oftmals noch der Interpretation bedürfen. Spezielle Fragen lassen sich hingegen nur für ganz spezielle Analysegebiete nutzen, zielen jedoch direkt auf mögliche Schwachstellen ab. Aufgrund negativ beantworteter Fragen im Rahmen der Auswertung lassen sich diese aufdecken.

Die **Netzplantechnik** umfasst unter Berücksichtigung von Aufgaben, Zeiten, Kosten, Ressourcen etc. grafische oder tabellarische Verfahren zur Analyse von Abläufen und deren Abhängigkeiten auf der Grundlage der Graphentheorie. Mithilfe von Netzplänen lassen sich die logischen Beziehungen zwischen den Vorgängen und ihre zeitliche Lage darstellen, wodurch Dauer, zeitliche Risiken, kritische Aktivitäten und Maßnahmenauswirkungen von Abläufen im Gesundheitsbetrieb ermittelt werden können. Auf diese Weise lassen sich kritische Pfade und Ressourcenengpässe, welche die Einhaltung des Endtermins gefährden können, identifizieren, logische Zusammenhänge von Vorgängen vom Anfang bis zum Abschluss einer Behandlungs- oder Pflegeleistung aufzeigen oder eine laufende Fortschrittskontrolle und Terminüberwachung durchführen.

Unter Berücksichtigung der Dauer der einzelnen Vorgänge und unter Berücksichtigung ihrer Abhängigkeiten ermittelt die Netzplantechnik, wann die jeweiligen Vorgänge stattfinden. Bei der Vorwärtsplanung beginnt der Analyseprozess bei den Startvorgängen und ermittelt von diesen ausgehend den frühestmöglichen Starttermin der nachfolgenden Vorgänge. Bei der Rückwärtsplanung beginnt der Analyseprozess bei den letzten Vorgängen des Netzes,die keinen Nachfolger mehr haben, und ermittelt dann die spätesten Fertigstellungstermine der jeweils vorgelagerten Vorgänge. Ausgehend von einem definierten Start- und einem definierten Endtermin lassen sich so die frühesten und spätesten Anfangs- und Endzeitpunkte der einzelnen Vorgänge feststellen. Der Anfang und das Ende eines Vorganges sind Ereignisse, die allgemein als Zeitpunkte beschrieben werden können, zu denen bestimmte Teilvorgänge beendet sind oder andere beginnen sollen. *Anordnungsbeziehungen* kennzeichnen in der Netzplantechnik die logischen Abhängigkeiten zwischen Ereignissen oder Vorgängen: (siehe **Abbildung 4.3**).

Die Analyse von **Pufferzeiten** als Zeitreserven dient der Ermittlung des zeitlichen Spielraums für die Ausführung von Vorgängen im Gesundheitsbetrieb (siehe **Tabelle 4.4**). Als *kritischer Pfad* wird die Verkettung derjenigen Vorgänge im Gesundheitsbetrieb bezeichnet, bei deren zeitlicher Änderung sich der Endtermin des Netzplanes verschiebt. Ein Vorgang ist kritisch, wenn sein Gesamtpuffer gleich 0 ist.

Abbildung 4.3 Analyse von Abläufen im Gesundheitsbetrieb mithilfe der Netzplantechnik.

Schema

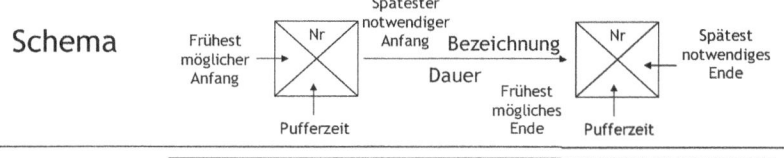

Prozess

Kurzbezeichnung	Vorgang	Vorgänger	Dauer
A	Diagnose	-	2
B	Behandlungsplanung	A	15
C	Bedarfsermittl. Behandlungsmat.	A	10
D	Beschaffung Behandlungsmat.	C	10
E	Behandlungsdurchführung	B, D	30
F	Schlussuntersuchung	E	2

Netzplan

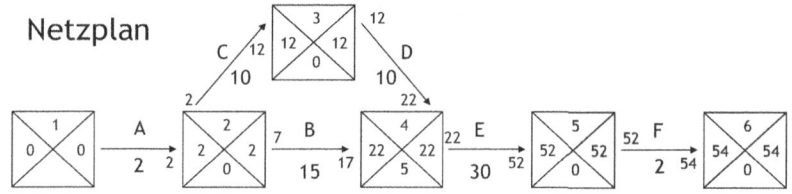

Tabelle 4.4 Pufferzeiten als Zeitreserven bei Vorgängen im Gesundheitsbetrieb.

Art der Pufferzeit	Beschreibung
Gesamtpufferzeit	Zeitspanne, die ein Vorgang gegenüber seinem frühesten Beginn verschoben werden kann, ohne das geplante Ende des Behandlungstermins zu gefährden.
Freie Pufferzeit	Zeit, die den frühestmöglichen Beginn bzw. das Ende des nachfolgenden Vorgangs nicht gefährdet.

Art der Pufferzeit	Beschreibung
Freie Rückwärtspufferzeit	Maximale Zeitspanne, um die ein Vorgang ausgehend von seinem frühestmöglichen Anfangszeitpunkt verschoben werden kann, unter der Bedingung, dass alle vorhergehenden Vorgänge auf dem spätestmöglichen Termin liegen.
Unabhängige Pufferzeit	Maximale Zeitspanne um die ein Vorgang verschoben werden darf, wenn alle vorhergehenden Vorgänge zum spätestmöglichen Termin enden und alle nachfolgenden Vorgänge zum frühestmöglichen Termin beginnen sollen.

F. Neumann untersuchte an der *Klinik für Strahlenheilkunde der Medizinischen Fakultät der Charité – Universitätsmedizin Berlin* das Prozessmanagement in der Computertomographie unter Anwendung der Netzplantechnik: „Zur Entwicklung der Netzpläne wurden 158 CT-Untersuchungen (Kopf und Thorax) beobachtet und die einzelnen Arbeitsschritte der beteiligten Personen zeitlich festgehalten. Zur weiteren Differenzierung wurde das Patientengut in drei Kategorien (mobil, bettlägerig und intensiv) aufgeteilt. Die Dauer für jeden einzelnen Arbeitsschritt zur Durchführung einer Untersuchung wurde bei 103 Patienten mit 2.802 Einzelmessungen an einem Einzeilen-CT älterer Generation und bei 55 Patienten mit 1.789 Einzelmessungen an einem Einzeilen-CT jüngerer Generation festgehalten und ausgewertet. Die Berechnung der optimistischen, realistischen und pessimistischen Zeiten erfolgte für jeden einzelnen Arbeitsschritt. Ein kritischer Pfad konnte definiert und in den Netzplan integriert werden.

Bei den klinischen CT-Untersuchungen kamen ein Arzt und zwei medizinischtechnische Röntgen-Assistenten (MTRA) zum Einsatz. Der Untersuchungsbeginn wurde mit dem Entgegennehmen der Akten des Patienten gesetzt. Die Vorbereitung und die Rüstzeit des Patienten gingen dem Untersuchungsabschnitt voran. Abschließend folgte die Bilderstellung und Befundung, während der Untersuchungsraum für den nächsten Patienten vorbereitet wurde. Das Untersuchungsende erfolgte mit der Aushändigung der Bilder mit einem Kurzbefund des Arztes an den Patienten. Gemessen wurde beispielsweise für Thoraxuntersuchungen von mobilen Patienten eine Zeitdauer von 54:48 Minuten. Nach Zeitoptimierung und Reorganisation der Arbeitsabläufe wurde eine realistische Gesamtdauer von 40:26 Minuten und somit eine bedeutsame Zeitersparnis von 26,2 Prozent errechnet."

4.3 Problemlösungsorientierte Suchtechniken

Zu den Organisationstechniken im Gesundheitsbetrieb zählen auch Verfahren, die bei der Suche nach Problemlösungen Unterstützung leisten. Häufig sind die Problemstellungen komplex und wenig strukturiert, sodass in erster Linie Kreativität zum Auffinden möglichst innovativer Lösungsideen erforderlich ist.

Bei der **morphologischen Analysetechnik** handelt es sich um ein Verfahren zur Generierung von Problemlösungsalternativen, wobei es dabei insbesondere um eine möglichst *vollständige* Erfassung der Problemlösungsalternativen für eine bestimmte organisatorische Problemstellung des Gesundheitsbetriebs geht. Dazu werden Lösungsmerkmale und ihre möglichen Ausprägungen in einer Matrix gegenübergestellt, sodass man durch die Kombination aller Merkmale mit allen Ausprägungen eine maximale Anzahl von Möglichkeiten erhält, mit denen Lösungsideen entwickelt werden können (siehe Tabelle 4.5). Da die theoretisch mögliche maximale Anzahl an Kombinationen kaum beherrschbar ist, beschränkt man die Zahl der Merkmale und deren Ausprägungen in der Anwendungspraxis dieses Verfahrens.

Die **Relevanzbaum-Analysetechnik** eignet sich insbesondere für Problemstellungen mit großer Komplexität und versucht ähnlich wie die Ursache-Wirkungs-Analyse die Problemstellung zu strukturieren. Dabei geht sie folgendermaßen vor:

- Abgrenzung und Definition der Problemstellung,

- Festlegung geeigneter Beurteilungskriterien,

■ Sammlung verschiedener Merkmale,

■ hierarchische Ordnung und Gewichtung der Merkmale im Hinblick auf die Problemstellung,

■ grafische Darstellung der Beurteilungskriterien und Merkmale in einer Baumstruktur,

■ Auswertung der Baumstruktur,

■ Ableitung von Problemlösungsalternativen aus den einzelnen Verästelungen.

Einerseits basiert die Relevanzbaum-Analysetechnik auf einer sachlichen Bewertung der Merkmale und führt zu einer großen Anzahl von Problemlösungsalternativen. Andererseits wird die Zahl der Verzweigungen im Relevanzbaum willkürlich beeinflusst, sodass eine rechnerisch maximale Anzahl von Lösungsalternativen in der Anwendungspraxis in der Regel nicht erreicht wird. Dadurch besteht die Gefahr, dass wichtige Lösungsvorschläge unentdeckt bleiben (siehe **Abbildung** 4.4).

Tabelle 4.5   Morphologische Analyse am Beispiel einer Dental-Behandlungseinheit.

Merkmale	Ausprägungen			
Hersteller	A	B	C	D
Farbe	Grün	Blau	Grau	Beige
Ausstattung Arztelement	2 Instrumentenschläuche für Micromotor/en mit Licht	1 Instrumentenschlauch vorbereitet für Turbinenanschluss mit Licht	Röntgenfilmbetrachter	Voreinstellungen für das Instrumentenspray, Luft – Wasser
Ausstattung Helferinnenelement	Großer Saugschlauch	Kleiner Saugschlauch	Kompositlampe	6-Wege-Spritze

Merkmale	Ausprägungen			
Patienten-stuhl	Schnelle Sicherheits-abschaltung bei Blockie-rung	Individuell einstellbare Kopfstütze für Erwachsene / Kinder	OP-Lampe mit zwei Schaltstufen	Fleckenabwei-sende Spei-schale aus Vollkeramik
Multimedia	Kabellose intraoral-Kamera	Kabelgebunde intraoral-Kamera	Bildspeicher-karte zur digitalen Bearbeitung	17-Zoll Monitor
Kosten	bis 15.000	bis 20.000	bis 25.000	über 25.000

Abbildung 4.4   Relevanzbaum-Analysetechnik am Beispiel der Quali-tätsverbesserung.

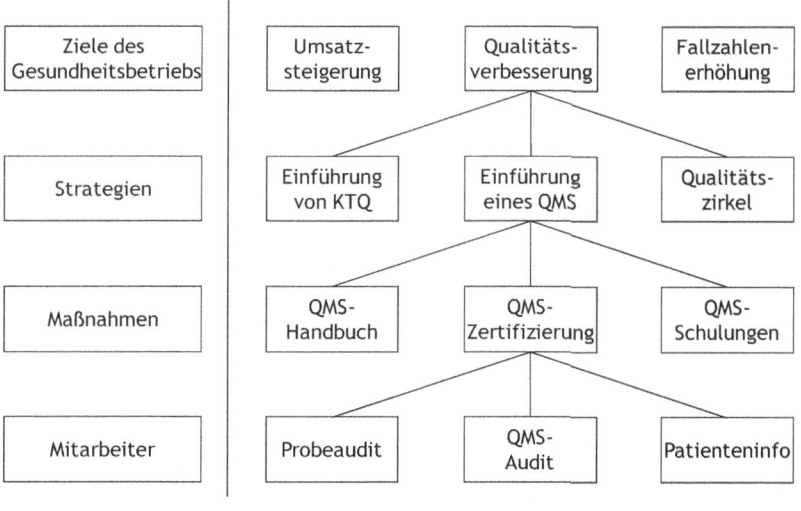

Zu den bekanntesten Techniken problemlösungsortientierter Suchverfahren für den Gesundheitsbetrieb zählt zweifelsohne das **Brainstorming**. Es dient zur Ideenfindung und beruht auf der Schaffung einer kreativen Situation, bei der möglichst viele Ideen in kürzester Zeit durch möglichst freies Assoziieren und Phantasieren entwickelt werden sollen. Das gegenseitige Inspirieren sowie das Kombinieren und Aufgreifen von bereits geäußerten Ideen, um neue Lösungsansätze zu finden, sind dabei ausdrücklich gewünscht. Alle Ideen werden zunächst protokolliert und erst später durch alle Teilnehmer im Hinblick auf ihre Relevanz zur Problemstellung bewertet. Das Verfahren eignet sich insbesondere für einfachere Problemstellungen, die keine allzu komplexen Lösungsvorschläge erforderlich machen.

4.4   Bewertungsverfahren

Die **Bewertungsverfahren** sind Methoden zur Beurteilung von Sachverhalten der Organisation des Gesundheitsbetriebs mit dem Ziel, möglichst quantitativ begründbare Entscheidungen zu erreichen.

Bei der **Nutzwertanalyse (NWA)** handelt es sich um ein Instrument zur quantitativen Bewertung von Entscheidungsalternativen im Gesundheitsbetrieb. Zur Vorbereitung werden die Ziele (bzw. Auswahlkriterien), die im Rahmen der Entscheidung berücksichtigt werden sollen, festgelegt. Anschließend sind Kategorien für den Erfüllungsgrad der Ziele zu formulieren und die einzelnen Ziele zu gewichten (Summe = 100 Prozent). Die Durchführung umfasst die Bewertung der Alternativen und Erstellung der Zielwertmatrix. Zur Auswertung werden die Zielwerte je Alternative addiert. Der wesentliche Vorteil der NWA liegt in ihrem eindeutigen Ergebnis, aus dem die Entscheidung direkt abgeleitet werden kann. Als Nachteil ist auch hier der damit verbundene Rechenaufwand zu konstatieren (siehe Tabelle 4.6).

Zu den quantitativen Bewertungsverfahren zählt auch die **Kostenvergleichsrechnung**. Bei ihr wird ein Vergleich der in einer Periode anfallenden Kosten von Investitionsobjekten in einem Gesundheitsbetrieb durchgeführt. Zu berücksichtigen sind dabei die fixen Kosten, die variablen Kosten und die Kapitalkosten der zu vergleichenden Investitionsobjekte. Die *fixen*

Kosten sind unabhängig von den Behandlungsleistungen und fallen auch an, wenn kein Patient behandelt wird. Die *variablen* Kosten entstehen in Abhängigkeit von den Behandlungsleistungen und beispielsweise dem Einsatz des Röntgengerätes, in das investiert werden soll. Die Kapitalkosten bestehen aus den kalkulatorischen Abschreibungen, welche die gleichmäßige Verteilung der Anschaffungskosten auf die gesamte Nutzungsdauer sowie den Restwert des Investitionsobjektes berücksichtigen sowie den kalkulatorischen Zinsen, die entgehende Erträge oder Kreditkosten darstellen, weil das entsprechende Kapital im Investitionsobjekt gebunden ist und dem Gesundheitsbetrieb nicht für andere Zwecke zur Verfügung steht (siehe Tabelle 4.7).

Tabelle 4.6   Bewertung von Medizinprodukten mithilfe einer Nutzwertanalyse (NWA).

Kriterium	Gewicht	Produkt A	Produkt B
Qualität	20	Mindere Qualität	Hervorragende Qualität
Preis	30	39 € / Stück	78 € / Stück
Haltbarkeit	10	Geöffnet 6 bis 8 Wochen	Geöffnet 6 bis 8 Wochen
Verarbeitung	10	zufrieden stellend	gut
Verträglichkeit	20	Gegenreaktionen zu erwarten	Kaum Gegenreaktionen bekannt
Lieferzeit	10	6 Tage	8 Tage

Kriterium	0 Punkte	2 Punkte	5 Punkte	8 Punkte	10 Punkte	Gewicht	Zielerfüllung A	Nutzwert A	Zielerfüllung B	Nutzwert B
Qualität	schlecht		ausreichend		hervorragend	20	2	40	10	200
Preis	> 100	≤ 100	≤ 80	≤ 60	≤ 40	30	10	300	5	150
Haltbarkeit	wenige Tage		einige Wochen		unbegrenzt	10	5	50	5	50
Verarbeitung	äußerst schwie-rig		zufriedenstellend		sehr leicht	10	5	50	8	80
Verträglichkeit	heftige Gegenreaktionen		Gegenreaktionen möglich		keine Gegenanzeigen	20	2	40	8	160
Lieferzeit	mehrere Wochen		mehrere Tage		24 Std.	10	5	50	5	50
Nutzwert								530		690

Tabelle 4.7   Kostenvergleichsrechnung am Beispiel von Röntgen-
                   diagnosegeräten.

	Röntgen-diagnosegerät 1	Röntgen-diagnosegerät 2
Anschaffungskosten	100.000	150.000
Geplante Nutzungsdauer (Jahre)	10	10
Voraussichtl. Restwert	20.000	30.000
Marktzinssatz	5%	5%
Geplante Behandlungsfälle	2.000	2.000
Berechnung:		
Fixe Kosten	8.000	5.000
+ Variable Kosten (je Behandlungs-fall: 10/5)	20.000 (10 * 2.000 = 20.000)	10.000 (5 * 2.000 = 10.000)
+ Kalkulator. Abschreibungen (pro Jahr): Anschaffungskosten – Restwert ÷ Nutzungsdauer	8.000	12.000
+ Kalkulator. Zinsen (pro Jahr): Anschaffungskosten + Restwert ÷ 2) * Zinssatz ÷ 100	2.000	3.000
= Gesamtkosten	**38.000**	**30.000**
Kosten je Behandlungsfall	**19**	**15**

Das *Bundeswehrkrankenhaus Ulm* führt im Rahmen des Kostencontrolling
Sonderanalysen und Sonderrechnungen in Form von Kostenvergleichs-
rechnungen, Investitions-, Wirtschaftlichkeits- und Amortisationsrech-

nungen durch, um betriebswirtschaftliche Informationen zur Führung der ambulanten und stationären Leistungsbereiche des Krankenhauses bereitzustellen. Dabei werden Daten aus dem Krankenhausinformationssystem (KIS) und relevante Aufwands-Kosten-Daten aus der Finanzbuchhaltung analysiert und im Rahmen der Entscheidungsfindung bewertet.

Mit der **Amortisationsrechnung** lassen sich sowohl *dynamische* als auch *statische* Bewertungen im Gesundheitsbetrieb berücksichtigen. Sie beantwortet die zentrale Frage, wie lange beispielsweise die Wiedergewinnung der Investitionssumme aus den Einnahmeüberschüssen einer Investition dauert. Durch einen Vergleich der Soll-Amortisationsdauer mit der Ist-Amortisationsdauer kann die Vorteilhaftigkeit einer Investition im Gesundheitsbetrieb bewertet werden. Die Ist-Amortisationsdauer ergibt sich, indem man die Investitionssumme durch die jährlich zu erwartenden Einnahmeüberschüsse dividiert: (Investitionssumme ÷ Einnahmen - Ausgaben). Die Soll-Amortisationsdauer ergibt sich durch subjektive Schätzung des Gesundheitsbetriebs. Liegt die Ist- unter der Soll-Amortisationsdauer, erscheint die Investition vorteilhaft (siehe Tabelle 4.8).

Tabelle 4.8   Einfaches Beispiel für eine Amortisationsrechnung bei Investitionsbewertungen im Gesundheitsbetrieb.

Investitionssumme	100.000
Einnahmen - Ausgaben	20.000
Soll-Amortisationsdauer	6 Jahre
Berechnung:	
Investitionssumme ÷ Einnahmen – Ausgaben	100.000 ÷ 20.000
Ist-Amortisationsdauer	**5 Jahre**

5 Organisationsentwicklung

5.1 Definition und Bedeutung der Organisationsentwicklung

Die **Organisationsentwicklung** im Gesundheitsbetrieb versucht gemeinsam mit den Mitarbeitern, Ursachen vorhandener Schwierigkeiten zu erforschen und neue, bessere Formen der Zusammenarbeit zu entwickeln. Sie bedient sich dabei sozialwissenschaftlicher Verfahren, sowie Methoden der Kommunikation, der Arbeitsorganisation und des teamorientiertes On-the-job-Trainings, mit deren Hilfe die Zusammenarbeit optimiert und Problemlösungen gefunden werden sollen.

Die Organisationsentwicklung unterscheidet sich von den üblichen Formen der „klassischen" Organisationsplanung oder der Managemententwicklung. Häufig führen Normen wie Autorität und Arbeitsteilung zu Verhaltensanpassungen der Mitarbeiter im Gesundheitsbetrieb. Als Folge davon ist bei vielen schwindendes Engagement, Konformität, Gleichgültigkeit und Flucht in Routinetätigkeiten zu beobachten. Auch leiden die Bereitschaft zu Kooperation und vertrauensvoller Zusammenarbeit darunter. Konkurrenzdenken und Existenzangst führen regelrecht zu dysfunktionalem Verhalten.

Das Gegensteuern mit einschlägiger Fort - und Weiterbildung ausgewählter Führungskräfte des Gesundheitsbetriebs, hierarchisch sortiert und in Schulungseinrichtungen mit theoretischem Wissen konfrontiert, führt oft zu einer Transferproblematik im Hinblick auf die praktische Anwendung und einen ausbleibenden Veränderungsprozess im Gesundheitsbetrieb. Auch die von Organisationsfachleuten ausgearbeiteten und von der Leitung des Gesundheitsbetriebs verordneten Veränderungen sind häufig nicht erfolgreich, weil sie Einstellungen und Verhalten der Mitarbeiter nicht berücksichtigen und von diesen nicht verstanden oder gar unterlaufen werden (siehe Tabelle 5.1).

Tabelle 5.1   Abgrenzung der Organisationsentwicklung nach *Lauterburg* (1980).

	Organisationsentwicklung	Managemententwicklung	Organisationsplanung
Wer	organisatorische „Familien", natürliche organisatorische Einheiten, Gruppen	bunt zusammengewürfelte Schar von Mitarbeitern des Gesundheitsbetriebs, die wenig oder gar nichts miteinander zu tun haben	Beratungsfirma, Leitung des Gesundheitsbetriebs
Was	konkrete Probleme der täglichen Zusammenarbeit und der gemeinsamen Zukunft, Sachprobleme/ Kommunikationsprobleme	theoretischer Wissensstoff	organisatorische Strukturen und Abläufe
Wie	offene Information und aktive Beteiligung der Betroffenen, direkte Mitwirkung	vorgegebener Lehrplan, Fallstudien, Sandkastenspiele	Eingriffe von der Leitung des Gesundheitsbetriebs aufgrund einsamer Entscheidungen (hierarchische Macht)
Wann	fortlaufend, regelmäßig, kontinuierlicher Prozess	kurz befristete Lernprozesse mit minimalen Transferchancen	plötzlich, unvorhersehbare, undurchschaubare Einzelmaßnahmen und Hauruck-Aktionen
Wo	Arbeitsplatz, Betrieb, On-the-job, Bestandteil der täglichen Arbeit	„keimfreie" Atmosphäre eines Bildungsinstituts, Schulungsraum	im stillen Kämmerlein der Betriebsleitung und am Schreibtisch

	Organisations- entwicklung	Management- entwicklung	Organisationsplanung
Warum	Leistungsfähigkeit der Organisation (Produktivität), Qualität des Arbeitslebens (Humanität), Motivation/Kooperation, Selbstständigkeit/Beteiligung	Aufbau von Wissen und Fertigkeiten bei ausgewählten Mitarbeitern (ohne Berücksichtigung der gegebenen organisatorischen Strukturen und Abläufe)	Steigerung der Effizienz des Gesundheitsbetriebs (ohne Berücksichtigung der Bedürfnisse, Einstellungen und Verhaltensweisen der Mitarbeiter)

Die Organisationsaufgabe ist nicht einmalig, denn die Arbeitsabläufe im Gesundheitsbetrieb sind aufgrund neuer Entwicklungen und Erfahrungen häufig anzupassen, mit dem Ziel, sie besser zu gestalten. Die Bedeutung der Organisationsentwicklung ist vor diesem Hintergrund nicht zu unterschätzen, denn Veränderungsresistenz und mangelnde Anpassung führen oft zu Unzufriedenheit bei den Patienten und beim Personal. Eine in diesen Fällen oft festzustellende Erhöhung des Arbeitstempos ersetzt nicht wichtige organisatorische Maßnahmen und führt nicht zu grundlegenden Änderungen. Auch ist der Nutzeneffekt nur vereinzelter, hier und da durchgeführter organisatorischer Optimierungsmaßnahmen nicht sehr hoch. Dauerhafte und möglichst erfolgreiche Organisationsveränderungen lassen sich nicht durch aufgezwungene Einzelmaßnahmen und stärkerem Druck auf die Mitarbeiter erreichen. Die Aufbau- und Ablauforganisation des Gesundheitsbetriebs muss sich darum bemühen, offen zu sein für Veränderungen (siehe **Abbildung 5.1**).

Wenn gute Ideen nicht in die Tat umgesetzt werden, liegt dies oft an Vorbehalten, Ängsten und Unsicherheiten. Werden sie nicht hinterfragt und überwunden, bleibt alles so, wie es immer war. Begeisterungsfähigkeit für Veränderungen ist notwendig, eine gemeinsame Vision, wie die Organisation in der Zukunft ausschauen soll. Nur wenn dieses Vorhaben von allen Mitarbeitern des Gesundheitsbetriebs gemeinsam getragen wird, lassen sich auch alle organisatorische Aktivitäten auf ein gemeinsames Ziel ausrichten.

Abbildung 5.1   Voraussetzungen für eine erfolgreiche Organisationsentwicklung im Gesundheitsbetrieb.

Für die Leitung des Gesundheitsbetriebs gilt dabei: Nur wenn die eigene Überzeugung deutlich wird, lassen sich auch andere überzeugen. Die Betriebsleitung muss versuchen, ihren Veränderungswillen den Mitarbeitern zu vermitteln. Wenn man organisatorische Probleme nur als eine Art Einzelteil betrachtet, läuft man Gefahr, das Ganze aus den Augen zu verlieren und Effekte herbeizuführen, die hier und da sogar schädlich sein können. Der Patient ist dabei ein wesentlicher Bestandteil des Gesamtsystems. Der Gesundheitsbetrieb muss sich nach ihm ausrichten und patientenorientiert organisieren.

Die Mitarbeiter des Gesundheitsbetriebs sind wertvolles Potenzial und nicht reine Produktionsfaktoren. Es muss erreicht werden, dass möglichst alle ihre Ideen einbringen. Wenn nur das ernst genommen wird, was die

Leitung des Gesundheitsbetriebs vorschlägt und Ideen anderer ignoriert werden, bedeutet dies völlig auf die Erfahrung und das Potenzial der Mitarbeiter zu verzichten. Die gesamte Belegschaft ist insbesondere dann über ein Mittelmaß hinaus leistungsfähig, wenn eine echte Diskussion zustande kommt bzw. eine Dialogbereitschaft entsteht. Dazu gehört ein Klima gegenseitiger Wertschätzung. Es gilt einander zuzuhören, frei seine Ansichten darlegen und kreative Vorschläge machen zu können sowie die Vorstellungen anderer in die Problemlösung einzubeziehen. Die Mitarbeiter dürfen von Entscheidungen nicht einfach nur betroffen sein. Wichtig ist es, sie zu beteiligen, damit sie bereit sind, ihre Erfahrung, ihre Kenntnisse, ihre Ideen und damit ihr Potenzial zu entfalten und in den Dienst des Gesundheitsbetriebs und der gemeinsamen Vision zu stellen. Wesentliche organisatorische Veränderungen werden nur wirksam, wenn sie die Interessen und Bedürfnisse der Mitarbeiter berücksichtigen, denn die Mitarbeiter sollen die Veränderungen ja letzlich realisieren (siehe **Abbildung 5.2**).

Abbildung 5.2   Autoritäre und partizipative Durchführung organisatorischer Veränderungen.

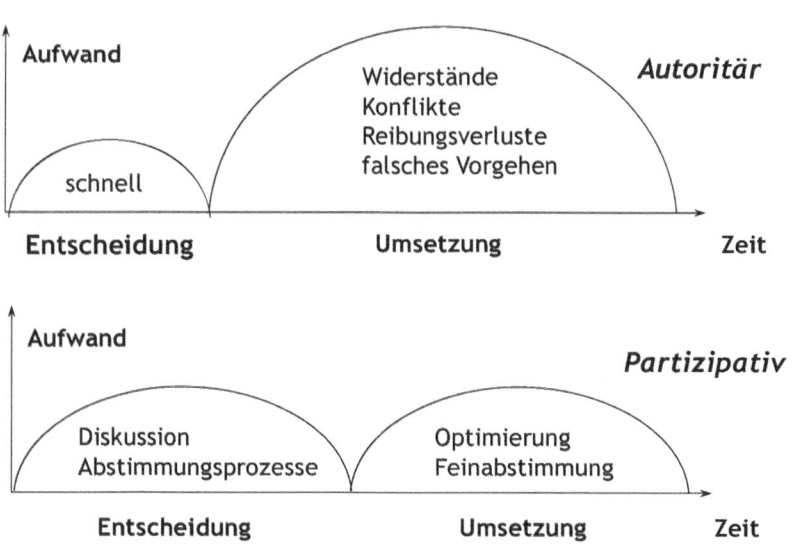

Das *Städtische Klinikum Karlsruhe* verfügt beispielsweise über eine eigene *Stabsstelle Organisationsentwicklung*. Sie bearbeitet Aufträge, die als Einzelprojekte, fach-, klinik-, berufs- und bereichsübergreifend angelegt sind. Bei den oft organisatorisch, baulich ausgerichteten Projekten handelt es sich teilweise um reine Konzeptionen bzw. Analysen, aber auch um konkrete Umsetzungen unter Einbindung der betroffenen Kliniken und Berufsgruppen. Die Stabsstelle für Organisationsentwicklung versteht sich als Schnittstelle, arbeitet mit den Geschäftsbereichen zusammen und berichtet in der Klinikkonferenz oder direkt an die Geschäftsführung.

5.2   Organisationsentwicklungsprozess

Der Ablauf eines **Organisationsentwicklungsprozesses** beginnt in der Regel mit einem im Gesundheitsbetrieb empfundenen Problem, welches zu einem Veränderungsbedürfnis führt. In dieser Vorphase ist das Problem jedoch üblicherweise noch unscharf beschrieben, die Meinungen der Mitarbeiter gehen über Art und Ausmaß des Problems und im Hinblick auf die Lösungsmöglichkeiten nicht selten auseinander. Es ist daher wichtig, dass in dieser Phase ein Moderator versucht, die unterschiedlichen Wahrnehmungen und Vorstellungen zu strukturieren. Seine Aufgabe ist es somit nicht, zu leiten, zu führen und inhaltliche Empfehlungen gegenüber den Mitarbeitern auszusprechen, weil nur er vermeintlich weiß, wo es langgeht, sondern vielmehr dafür zu sorgen, dass der Weg zu einer Problemlösung und die dabei erforderliche Kommunikation im Gesundheitsbetrieb zustande kommt. In der Diagnosephase geht es um die Sammlung und Aufbereitung von problemrelevanten Daten, um das wahrgenommene Problem für alle Mitarbeiter möglichst zu objektivieren. In der Entwicklungsphase sind strukturelle und personelle Veränderungen im Gesundheitsbetrieb zu planen und durchzuführen. Den Abschluss des Organisationsentwicklungsprozesses bildet die Stabilisierungsphase, in der die eingeleiteten Maßnahmen fortlaufend überprüft und wenn nötig durch ergänzende Aktivitäten in ihrer Wirkung abgesichert werden (siehe **Tabelle 5.2**).

Tabelle 5.2   Phasen des Organisationsentwicklungsprozesses nach
                   Becker (2002).

Hauptphasen	Unterteilung / Erläuterung
Vorphase	– Entstehung des Veränderungsbedürfnisses (zum Beispiel Auftauchen eines Problems), – Bestimmung der zu ändernden Bereiche im Gesundheitsbetrieb, – Einbeziehung der Betroffenen.
Diagnosephase	– Sammeln und Aufbereiten von Daten (Struktur, Klima, Arbeitsabläufe), – Feedback der aufbereiteten Daten (gemeinsame Diskussion und Analyse, Ansätze für Veränderungen, Teamentwicklung).
Entwicklungsphase	– Planung der erforderlichen Änderungen (gemeinsam: personale und strukturelle Maßnahmen; Konkretisierung), – Durchführung der Veränderungsaktion (Realisierung personaler und struktureller Maßnahmen).
Stabilisierungsphase	– Stabilisierung (Absicherung durch Weiterbildungmaßnahmen, Erfahrungsaustausch, Belohnungssystem), – Erfolgskontrolle (Bewertung und Beurteilung).

Um einen Organisationsentwicklungsprozess in Gang zu setzen, ist es oft entscheidend, an welcher Stelle im Gesundheitsbetrieb mit seiner Einleitung begonnen wird. Bei der *Top-down-Strategie* ist die Leitung des Gesundheitsbetriebs der Auslöser für den Organisationsentwicklungsprozess. Aufgrund der Konzentration der Macht in der Betriebsleitung lässt diese Strategie eine gute Prozesssteuerung zu. Die Probleme werden dort angegangen, wo die Verantwortung für den gesamten Gesundheitsbetrieb liegt und die notwendigen Kompetenzen vorhanden sind. Allerdings müssen die Veränderungen auch bei der Leitung des Gesundheitsbetriebs ansetzen und dort vorgelebt werden, damit alle Mitarbeiter als Betroffene zu Beteiligten gemacht werden können. Die *Bottom-up-Strategie* geht von einem Beginn des Veränderungsprozesses auf der unteren Basis der Mitar-

beiter aus. Sie berücksichtigt somit auf jeden Fall die Probleme und Bedürfnisse der Mitarbeiter des Gesundheitsbetriebs auf der Ausführungs-
ebene und führt zu einer optimalen Identifikation mit dem Organisationsentwicklungsprozess. Die Schwierigkeit besteht in der Regel darin, die
Leitung des Gesundheitsbetriebs von dem Veränderungsbedarf zu überzeugen.

Bei der *bipolaren Strategie* geht der Organisationsentwicklungsprozess
gleichzeitig von der Leitung des Gesundheitsbetriebs und von den Mitarbeitern aus, was eine ideale Unterstützung der organisatorischen Veränderungen erwarten lässt. Bei größeren Gesundheitsbetrieben mit mittleren
Führungsebenen kann der Organisationsentwicklungsprozess im Sinne
einer *Keil-Strategie* auch von diesen Mitarbeitern ausgehen. Ein klarer Vorteil der *Multiple-Nucleus-Stratgie* ist, dass die Mitarbeiter, die an Veränderungen interessiert sind, sich unverzüglich am Organisationsentwicklungsprozess beteiligen und die anderen „mitreißen" können (siehe **Abbildung 5.3**).

Abbildung 5.3   Strategiemodelle der Organisationsentwicklung.

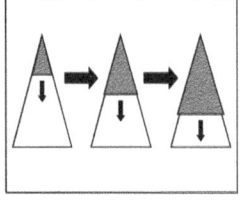
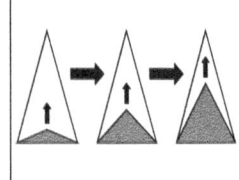
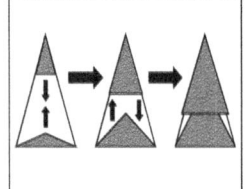

Top-down-Strategie   Bottom-up-Strategie   Bi-polare-Strategie

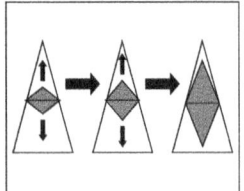
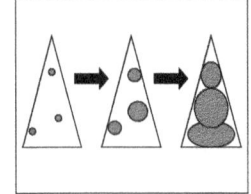

Keil-Strategie   Multiple-nucleus-Strategie

Zur Umsetzung von Veränderungen lassen sich Organisationsentwicklungsmaßnahmen auf verschiedenen Ebenen durchführen. Auf der Ebene der einzelnen Mitarbeiter des Gesundheitsbetriebs geht es in erster Linie um die Gestaltung der individuellen Arbeitssituation, der Steigerung sozialer Kompetenzen und der Bewältigung hoher Arbeitsbelastungen. Die Fähigkeit zu zielbewusstem Handeln ist dabei ebenso von Bedeutung wie die persönliche Entwicklungs- und Lebensplanung. Der Lernprozess des Mitarbeiters beginnt dabei mit dem Erfassen und Reflektieren des eigenen Handelns, dem Erlernen neuer Verhaltensalternativen und deren praktischer Umsetzung. Auf der Ebene der Mitarbeitergruppen konzentrieren sich Organisationsentwicklungsmaßnahmen auf die Steigerung der Effektivität der Zusammenarbeit und der Verbesserung der Beziehungen untereinander. Die Ebene der Aufbau- und Ablauforganisation beinhaltet in erster Linie die Reorganisation ineffizienter Prozesse und Strukturen, unter Beachtung der Entwicklungserfordernisse zur Anpassung an künftige Anforderungen, an die Entwicklung des Gesundheitsmarktes und die Ziele des Gesundheitsbetriebs (siehe Tabelle 5.3).

Tabelle 5.3   Maßnahmen der Organisationsentwicklung nach Bösel (1995).

Bezugsebenen für Änderungen	Typische Maßnahmen	Angestrebte Ergebnisse
Einzelne Mitarbeiter	– Aus-, Fort- und Weiterbildung – Führungs- und Verhaltenstraining – Gruppendynamik – Sensitivity-Training	– Erweiterung des fachlichen und technischen Wissens – Steigerung der sozialen, kommunikativen und Führungsqualifikation – Erhöhung der physischen Belastbarkeit, Stressstabilität

Bezugsebenen für Änderungen	Typische Maßnahmen	Angestrebte Ergebnisse
Soziale Beziehungen der Mitarbeiter	– Teamentwicklungs-veranstaltungen – Beratung – Coaching	– Verbesserung der Zu-sammenarbeit und Effizi-enz – Konflikt- und Problemlö-sung – Aufgabenklärung und -abgrenzung
Organisatorische, technologische Struktur und Aufga-benstruktur des Gesundheitsbetriebs	– Änderung von techno-strukturellen Bedingun-gen, die Einfluss auf das Arbeitsverhalten der Mitarbeiter haben	– Verbesserung der Ar-beitsbedingungen – Reibungsloser und effizi-enter Arbeitsablauf – Klare Kompetenz- und Aufgabenabgrenzung

5.3   Change Management, Business Process Reengineering und Lean Management

Die dauerhafte Integration der Organisation von Veränderungen im Gesundheitsbetrieb wird als **Change Management** bezeichnet. Darunter ist somit die Institutionalisierung der Organisationsentwicklung zu verstehen. Es fallen alle Aufgaben, Maßnahmen und Tätigkeiten darunter, die eine umfassende, bereichsübergreifende und inhaltlich weit reichende Verände-rung zur Umsetzung von neuen Strukturen, Strategien, Systemen, Prozes-sen oder Verhaltensweisen in einer Organisation bewirken sollen. In An-lehnung an das weithin bekannte Modell von *K. Lewin* (1890-1947) läuft der Veränderungsprozess in der Regel in drei Phasen ab (siehe **Tabelle 5.4**).

| Tabelle 5.4 | Phasen des Change-Management-Prozesses in Anlehnung an *Lewin*. |

Phase	Erläuterung
Unfreezing	Einsicht, dass Veränderungen notwendig sind und Handlungsbedarf besteht.
Moving	Entwicklung und Test von Problemlösungen.
Reefreezing	Dauerhafte Integration der gefundenen und erfolgreich implementierten Problemlösungen.

Ähnlich wie beim Organisationsentwicklungsprozess geht das Veränderungsmanagement in einer ersten Phase des „Auftauens" (Unfreezing) von der Einsicht aus, dass Veränderungen notwendig werden. Das alte Verhalten wird in Frage gestellt, gleichzeitig werden die nach Veränderung strebenden Kräfte unterstützt, um ein Veränderungsbewusstsein auszulösen. In dieser Phase findet die Vorbereitung einer Veränderung statt, Pläne werden mitgeteilt und die von der Änderung Betroffenen in die Diskussion einbezogen. Gleichzeitig müssen die Veränderungen im Gesundheitsbetrieb entwickelt werden. Zudem gilt es, ausreichend Zeit einzuräumen, um sich darauf vorzubereiten. In der Veränderungs- oder Bewegungsphase (Moving) werden Problemlösungen entwickelt und ausprobiert. Dazu gehört auch, diese durch Training zu verstärken und den Prozess zu überwachen. In der dritten Phase wird die erfolgreiche Implementierung der gefundenen Problemlösungen „eingefroren" (Refreezing) und damit dauerhaft integriert. Dazu müssen die Veränderungen vollständig eingepasst und auch über die Einführungsphase hinaus weiterhin überwacht werden, ob sie nachhaltig funktionieren.

Umsetzungsverantwortliche (Change Agents) haben die Aufgabe, diesen Veränderungsprozess zu überwachen. Hierfür sind sie in Konfliktmanagement, Projektmanagement und Kommunikationstechniken geschult. Bisweilen werden sie durch Veränderungsteams (Change Teams) unterstützt.

Das Projekt *Herausforderung Demenz* des *Diakonischen Werkes Bayern*, gefördert durch das *Bayerisches Staatsministerium für Arbeit und Sozialordnung, Familie und Frauen*, unterstützt Pflegeheime im Veränderungsmanagement und zielt auf bessere gerontopsychiatrische Qualität ab: „Singuläre Demenzkonzepte, angefügt an das standardisierte Krohwinkel-Konzept, sind nach aller Erfahrung nicht ausreichend. Es ist ebenso wenig sinnvoll, fertige Konzepte, wie zum Beispiel Hausgemeinschaften, einfach zu implementieren. Starre Konzeptorientierung, gar Dogmatismus sind kein fruchtbarer Boden. Folge dieser Haltungen sind überforderte Leitungen und Mitarbeiter, misslungene Architekturen und eine Missachtung gewachsener Traditionen und Milieubedingungen einer Einrichtung. Die Auseinandersetzung mit den Erkenntnissen moderner Dementenpflege ist hingegen erfolgversprechender. Durch die individuelle Erarbeitung einer zukunftsweisenden Konzeption wachsen die fachlichen und mentalen Bestände der Einrichtung und ihrer Mitarbeiter. So kann dauerhaftes Veränderungsmanagement gelingen."

Der Begriff des **Business Process Reengineering** wurde 1993 von den Amerikanern *M. Hammer* und *J. Champy* geprägt. Im Mittelpunkt stehen dabei nicht die verschiedenen organisatorischen Einheiten des Gesundheitsbetriebs, sondern dessen Prozesse. Business Process Reengineering bedeutet eine grundlegende, radikale Neugestaltung und Flexibilisierung aller im Gesundheitsbetrieb ablaufenden Prozesse, um seine Kostensituation und Handlungsgeschwindigkeit zu verbessern. Im Gegensatz zu einer Prozessoptimierung, die eine effektivere Gestaltung der Abläufe zum Ziel hat, findet ein grundlegendes Überdenken des Gesundheitsbetriebs und seiner gesamten Prozessorganisation statt. Im Einzelnen geht es dabei um die Verkürzung der Patientendurchlaufzeiten und der Lieferzeiten von medizinischem Verbrauchsmaterial, der Beschränkung der Leistungserstellung des Gesundheitsbetriebs auf seine Kernkompetenzen, die Steigerung von Qualität, Patientenservice und Produktivität sowie die Beschleunigung der Leistungsprozesse durch Abbau von Hierarchien im Gesundheitsbetrieb. Die Neugestaltung erfolgt dabei nach bestimmten Grundregeln (siehe Tabelle 5.5).

Die Kritik an diesem Konzept erstreckt sich auf die Missachtung der erworbenen Erfahrungswerte, die in den bestehenden Prozessen des Gesundheitsbetriebs abgebildet sind sowie auf die zu geringe Berücksichtigung des notwendigen Lernprozesses der Mitarbeiter des Gesundheitsbetriebs.

Tabelle 5.5   Grundregeln des Business Process Reengineering nach *Hammer / Champy*.

Regel	Erläuterung
Restrukturierung (Restructuring)	Neugestaltung und Änderung des Leistungsportfolios.
Erneuerung (Renewing)	Verbesserung der Schulung und organisatorischen Einbindung von Mitarbeitern in die Unternehmung durch Erwerb von Fertigkeiten und Fähigkeiten sowie verbesserter Motivation.
Einstellungsänderungen (Reframing)	Überwindung herkömmlicher Denkmuster durch neue Visionen und Entschlusskraft.
Revitalisierung (Revitalizing)	Grundlegende Neugestaltung aller Prozesse.

J. Rüegg-Stürm vom *Institut für Betriebswirtschaft*, St. Gallen, übt in der *Schweizerischen Ärztezeitung* Kritik an der pauschalen Übernahme des Business Process Reengineering für die Krankenhauspraxis: „Am radikalsten gestaltet sich eine «revolutionäre Erneuerung» von Abläufen. Unter der Bezeichnung Business Process Reengineering oder Business Process Redesign (BPR) hat sie sowohl in der Krankenhausliteratur als auch in der Krankenhauspraxis zwischenzeitlich einen hohen Popularitätswert erreicht. BPR zielt auf die bereichsübergreifende, radikale Umgestaltung von Prozessen innerhalb einer Organisation bzw. über ihre Grenzen hinweg und verspricht dadurch enorme Kostensenkungen und Qualitätssteigerungen. Mit der Fokussierung auf lineare und planbare Prozesse fand BPR vor allem in der Industrie (u.a. Automobil- und Finanzbereich) Anwendung – durchaus erfolgreich. Pauschale Übertragungen des Konzepts auf den Krankenhauskontext sind jedoch meist gescheitert. Gründe dafür gibt es zahlreiche. So sind Patientenprozesse als Gesamtheit aller Aktivitäten der Anamnese, Diagnose und Therapie meist viel weniger linear und weniger planbar als Produktionsprozesse in der Industrie (OP-Prozesse mögen hier eine Ausnahme sein)."

Lean Management stellt die Führung des Gesundheitsbetriebs nach einem schlanken Organisationskonzept dar, das auf den Abbau unnötiger Kostenbereiche ausgerichtet ist. Diese Form der Betriebsführung stammt aus Japan, ist durch flache Hierarchien, die Vermeidung von Verschwendung und der Konzentration auf die wertschöpfenden Tätigkeiten gekennzeichnet. Aufgespürt und vermieden werden sollen insbesondere vermeidbare Wartezeiten von Patienten, Leistungserstellungen über den Bedarf hinaus, unergonomische Bewegungen im Arbeitsablauf sowie unnötige Mehrfachtransporte von Patienten und medizinischen Materialien oder Pflegematerial. Zu diesem Zweck werden im Lean Management alle Abläufe im Gesundheitsbetrieb auf ihren Beitrag zur Wertschöpfung untersucht und gegebenenfalls verbessert. Ziel ist dabei, in Anlehnung an das ökonomische Prinzip mit einem minimalen Einsatz von Personal, Zeit und Investitionen ein durch den Patienten vorgegebenes Ergebnis bzw. bei gegebenem Einsatz ein optimales Behandlungs- oder Pflegeergebnis für den Patienten zu erreichen. Als wichtige Kriterien für eine Struktur mit optimierten Abläufen des Lean Management werden häufig interne Leitprinzipien, wie Patientenorientierung und Führung als Service am Mitarbeiter, Prozesse mit niedriger Fehleranfälligkeit, transparente Informations- und Rückkopplungsprozesse, Einsatz von Gruppenarbeit, verstärktes Mitarbeiterengagement durch Eigenverantwortung und Teamarbeit, permanente Qualitätsverbesserung genannt.

Eine populäre Methode der Organisationsverschlankung ist **KAIZEN**, die nach *Imai* (1986) als eine patientenorientierte Verbesserungsstrategie, die im Bewusstsein der Mitarbeiter verankert sein soll, beschrieben werden kann. Sie geht von der japanischen Lebensphilosophie aus, dass die Art zu leben – sei es das Arbeitsleben, das soziale Leben oder das häusliche Leben – und somit auch der Gesundheitsbetrieb einer ständigen Verbesserung bedarf. KAIZEN stellt für die Umsetzung von organisatorischen Verbesserungsmaßnahmen eine Reihe standardisierter Werkzeuge bereit, von denen hier nur die wichtigsten kurz benannt werden können. Sie liegen in Form von Checklisten vor und können, angepasst an die konkreten Erfordernisse, einfach und effizient den Organisationsentwicklungsprozess im Gesundheitsbetrieb unterstützen. Bekannte Instrumente dieser Art sind:

- *3-Mu-Checkliste*
  Verschwendung (MUDA), Überlastung (MURI) und Abweichungen (MURA) in einem Arbeitsprozess ermitteln, um so Ansatzpunkte für Verbesserungen im Gesundheitsbetrieb zu erkennen,

- *4-M-Checkliste*
  Gliederung des Arbeitsprozesses nach den beteiligten Elementen Mensch, Maschine, Material, Methode und Analyse der Einhaltung vorgegebener Standards und Prognose zukünftiger Entwicklungen,

- *5-S-Bewegung*
  Positive Werte in den Mittelpunkt der Vorgehensweise stellen und am Arbeitsplatz im Gesundheitsbetrieb visualisieren: Ordnung schaffen (SEIRI), Ordnung halten (SEITON), Sauberkeit (SEISO), persönlicher Ordnungssinn (SEIKETSU) und Disziplin (SHITSUKE),

- *6-W-Leitfragen*
  Umfassender Katalog qualitätsrelevanter Fragen nach dem Wer, Was, Wo, Wann, Warum und Wie im Gesundheitsbetrieb.

Es wird deutlich, dass KAIZEN ein ständiger Prozess unter Einbeziehung aller Mitarbeiter ist und einen Abschied vom ergebnisorientierten Denken bedeutet. Dabei geht es nicht um radikale Veränderungen, sondern eher um eine behutsame Weiterentwicklung der Gesamtorganisation des Gesundheitsbetriebs in kleinen Schritten. Obwohl bei KAIZEN im Gesundheitsbetrieb von der Grundphilosophie her die Patientenzufriedenheit im Mittelpunkt stehen soll, handelt es sich bei diesem Ansatz doch im Wesentlichen um ein System von betriebsinternen Verbesserungen, wie die Orientierung der praktischen KAIZEN-Werkzeuge deutlich aufzeigt. Ihre Anwendung erbringt zunächst nur Veränderungen in der Organisation des Gesundheitsbetriebs, die dann mittelbar auch die Patientenzufriedenheit positiv beeinflussen sollen.

G. Trummer vom *Universitäts Klinikum Freiburg* führt als Beispiele für die Verschlankung von Prozessen im Klinikum die Vermeidung von OP-Verschiebungen wegen fehlender Intensivkapazität, stationsinternen Patientenverschiebungen, Absagen an Patienten innerhalb von drei Tagen vor Aufnahme sowie den Bedarf an Leihbetten an. Ferner konnte die präoperative Krankenhausverweildauer (CABG -0,5 Tage, Valve -1 Tag) sowie die Gesamtverweildauer (CABG –2,5 Tage, Valve -2 Tage) reduziert werden. Darüber hinaus verbesserte sich die Auslastung von OP und Intensivstation, wurden Spitzenbelastungen vermieden und ein späterer Arbeitsbeginn um 15 Minuten möglich.

6 Behandlungsorganisation

6.1 Entwicklung von Behandlungspfaden

Die **Behandlungsorganisation** hat einen möglichst ökonomischen Umgang mit der Behandlungszeit und der Straffung der Behandlung durch gezielte Vorbereitungsmaßnahmen zum Ziel. Eine wichtige Voraussetzung für eine erfolgreiche Behandlungsplanung ist die Klarheit über den Zeitbedarf für die einzelnen Behandlungsmaßnahmen.

Eine Möglichkeit, die optimale Abfolge und Terminierung der wichtigsten Interventionen zu erreichen, ist die Festlegung klinischer **Behandlungspfade**. Sie werden von allen Disziplinen bei der Versorgung eines Patienten mit einer bestimmten Diagnose oder Behandlung umgesetzt und stellen ein Instrument dar, die Koordination aller Fachgebiete, die mit der Behandlung des Patienten betraut sind, möglichst optimal zu gestalten. In der Regel basieren sie auf klinischen Leitlinien und Algorithmen.

Bei den **klinischen Leitlinien** handelt es sich um systematisch entwickelte Feststellungen, die die diagnostischen und therapeutischen Entscheidungen über eine angemessene Versorgung für spezifische klinische Umstände unterstützen sollen und dazu in definierten Situationen einen Handlungsspielraum vorgeben. Ihre Grundlage bildet idealerweise die **Evidenzmedizin** (Evidence Based Medicine, EBM), die bei jeder medizinischen Behandlung deren empirisch nachgewiesene Wirksamkeit (aus möglichst vielen randomisierten, kontrollierten Studien oder zumindest klinischen Berichten) zum Ziel hat.

Das EBM-Konzept sieht vor, dass klinische Entscheidungen auf der besten verfügbaren **Evidenz** (siehe Tabelle 6.1). beruhen. Sie sollen nicht nur auf der Aneignung von Erfahrung, der Anwendung von pathophysiologischen Modellen oder der Einbeziehung von Experten- oder Spezialistenmeinungen beruhen, da die eigenen Beobachtungen im Rahmen der klinischen Erfahrung als nicht ausreichend erscheinen, um sich ein Bild über die Prognose einer Krankheit zu machen, oder um den Nutzen von diagnostischen und therapeutischen Maßnahmen zu beurteilen. Bei der Evidenzmedizin steht vielmehr die Beurteilung der Wirksamkeit einer Behandlung anhand von für den Patienten relevanten Kriterien im Vordergrund. Die kritische Beurteilung der Relevanz der in Studien festgelegten klinischen Endpunkte ist somit entscheidend. Gleichzeitig sind organisationsinterne Behandlungsrichtlinien wichtige Stützen im Alltag des Gesundheitsbetriebs wie etwa für Geburtshilfe oder die Neonatologie. Wichtig für den Prozess der klinischen Entscheidungsfindung ist dabei ein problemorientierter Ansatz mit einer klaren Formulierung des klinischen Problems.

Zur Darstellung klinischer Leitlinien kann ein **klinischer Algorithmus** dienen, der schrittweise und mithilfe logischer Bedingungen das klinische Problem in einem grafischen Format wiedergibt (siehe **Abbildung 6.1**).

Tabelle 6.1   Richtlinien zur Qualitätsbeurteilung der wissenschaftlichen Evidenz gemäß dem *Ärztlichen Zentrum für Qualität in der Medizin (ÄZQ)*.

Evidenz-kategorie	Qualitätsstufe
1	Es gibt ausreichende Nachweise für die Wirksamkeit aus systematischen Überblicksarbeiten über zahlreiche randomisiert-kontrollierte Studien.
2	Es gibt Nachweise für die Wirksamkeit aus zumindest einer randomisierten, kontrollierten Studie.
3	Es gibt Nachweise für die Wirksamkeit aus methodisch gut konzipierten Studien, ohne randomisierte Gruppenzuweisung.
4a	Es gibt Nachweise für die Wirksamkeit aus klinischen Berichten.
4b	Stellt die Meinung respektierter Experten dar, basierend auf klinischen Erfahrungswerten bzw. Berichten von Experten-Komitees.

Abbildung 6.1   Klinischer Algorithmus der *Arbeitsgemeinschaft der Wissenschaftlichen Medizinischen Fachgesellschaften(AWMF)* zur Diagnostik und Therapie des Karpaltunnelsyndroms.
Quelle: *Arbeitsgemeinschaft der Wissenschaftlichen Medizinischen Fachgesellschaften (AWMF)*, AWMF Leitlinien-Register Nr. 005/003 (Neufassung: 11/2006).

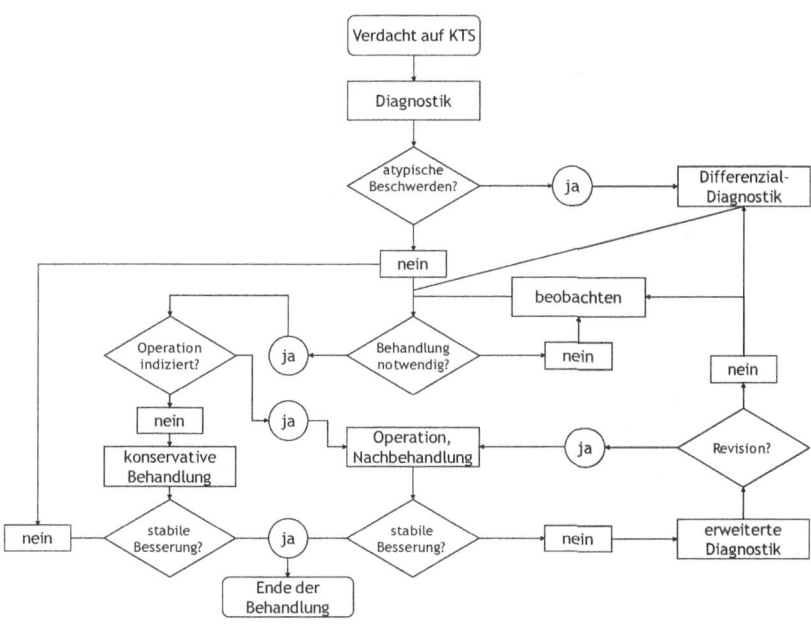

Auf der Basis der klinischen Leitlinien und Algorithmen wird der Behandlungspfad in der Regel unter Berücksichtigung organisatorischer Aspekte des jeweiligen Gesundheitsbetriebs und seiner örtlichen Gegebenheiten entwickelt. Nach dem Bottom-up-Ansatz kann dabei von den Patientendaten eines konkreten Falls ausgegangen werden. Festzuhalten sind bei der Pfadentwicklung üblicherweise zudem folgende Angaben:

■ Patientengruppe, für die der Behandlungspfad erstellt wurde,

■ Begründung, warum dieser Pfad ausgewählt wurde,

■ Beteiligte an der Pfaderstellung,

■ Leitlinien, Studienergebnisse und andere Informationsquellen, die bei der Erstellung berücksichtigt wurden,

■ Einrichtungen des Gesundheitsbetriebs, die bei Schnittstellenproblematiken betroffen sein könnten,

■ Handlungsanweisungen mit Aufgabenlisten,

■ umsetzbare Einzelmaßnahmen getrennt nach Behandlungstagen.

Um die Auswirkungen derartiger Pfade einzuschätzen, hat *R. Pham* im Rahmen einer Dissertation am *Institut für Medizinische Biometrie, Epidemiologie und Medizinische Informatik der Medizinische Fakultät der Universität des Saarlandes, Homburg/Saar* die Auswirkungen der Einführung klinischer Pfade auf den Behandlungsverlauf, insbesondere Organisation, Aufwand und Kosten untersucht: „In einer prospektiven Studie wurden 120 Patienten mit konventioneller Behandlung (ohne klinische Pfade, Gruppe1) mit 133 Patienten mit klinischen Pfaden (Gruppe2) verglichen. Zielgrößen waren unter anderem die Verweildauer, die Anzahl diagnostischer Maßnahmen, die Wiederaufnahmerate und die Zeit bis zur Freigabe des Arztbriefes. Mit der Einführung klinischer Pfade konnte die Verweildauer im Mittel von 16 auf ca. 13 Tage (p=0,09) reduziert werden. Die Anzahl der Konsile konnte signifikant (p=0,001) verringert werden. Die Anzahl der bildgebenden Verfahren (p=0,6) und Laboruntersuchungen (p=0,227) zeigten keine signifikanten Unterschiede zwischen den beiden Gruppen, aber eine abnehmende Tendenz. Die Anzahl der Wiederaufnahmen waren in beiden Gruppen gleich. Die mittlere Komplikationsrate pro Patient konnte von 2,5 auf 1 gesenkt werden (p=0,006)."

6.2   Planung von Behandlungskapazitäten

Bei der **Kapazitätsplanung** werden die Kapazitätsbedarfe aus der vorliegenden Behandlungsplanung (beispielsweise anhand von Behandlungspfaden) berücksichtigt. Die Kapazitäts*belastung* durch geplante Behandlungsmaßnahmen wird dem Kapazitäts*angebot* an medizinischem Personal, benötigter medizintechnischer Geräteausstattung, OP-Räumlichkeiten etc. gegenübergestellt. Anhand der aktuellen Auslastung der Behandlungskapazitäten werden geeignete Instrumente zum Kapazitätsabgleich eingesetzt, um einerseits eine möglichst gleichmäßig hohe Kapazitätsauslastung zu erreichen und andererseits für möglichst viele Behandlungsmaßnahmen die vereinbarten oder erforderlichen Termine einzuhalten.

Das **Kapazitätsangebot** gibt beispielsweise an, welche Leistung an einem Behandlungsplatz in einem bestimmten Zeitraum erbracht werden kann. Es wird bestimmt durch:

■ Arbeitsbeginn, Arbeitsende,

■ Pausendauer,

■ Nutzungsgrad der Kapazität (beispielsweise 80 Prozent der theoretisch nutzbaren Zeit, 20 Prozent entfallen auf Rüstzeiten, Verteilzeiten etc.),

■ Anzahl der Einzelkapazitäten (beispielsweise Anzahl der Geräte für Computertomographie, Magnetresonanztomographie, Ultraschalldiagnostik oder Radiographie).

■ Je Behandlungsplatz können verschiedene **Kapazitätsarten** definiert werden, zum Beispiel:

  – Kapazität der medizintechnischen Einrichtungen,
  – Personalkapazität,
  – Reservekapazität für Eilbehandlungen,
  – Kapazität für Reinigungs- und Hygienearbeiten,
  – Kapazität für Wartungsarbeiten.

Der **Kapazitätsbedarf** gibt an, welche Leistung die einzelnen Behandlungsmaßnahmen an einem Behandlungsplatz benötigen.

Um beurteilen zu können, inwieweit die Personal- oder Behandlungsplatzkapazitäten ausgelastet sind, ist eine Verdichtung der Kapazitätsangebote und Kapazitätsbedarfe auf einer Stufe notwendig (siehe Tabelle 6.2).

Tabelle 6.2   Beispiel für die Kapazitätsbelastung einer MTRA an
                       einem Behandlungsplatz.

Kapazitätsart: MTRA				Behandlungsplatz: Röntgenraum I			
Kalender-woche	Kap.-Einheit	Bedarf	Kap.-Angebot brutto	Nutzungs-grad in %	Kap.-Angebot netto	Belastungs-grad in %	Freie Kapazität
38.	Std.	50,25	38,00	80,00	30,40	165,30	-19,85
39.	Std.	48,30	34,00	80,00	27,20	177,57	-21,10
40.	Std.	32,15	38,00	80,00	30,40	105,76	-1,75
41.	Std.	40,10	38,00	70,00	26,60	150,75	-13,50
42.	Std.	23,30	38,00	80,00	30,40	76,64	7,10
43.	Std.	35,40	36,00	80,00	28,80	122,92	-6,60
44.	Std.	48,20	38,00	50,00	19,00	253,68	-29,20
45.	Std.	21,35	38,00	80,00	30,40	70,23	9,50
46.	Std.	46,15	34,00	80,00	27,20	170,67	-18,95
47.	Std.	28,45	38,00	80,00	30,40	27,80	1,95
Gesamt	Std.	373,65	370,00	76,00	280,80	132,13	-92,40

Um die unterschiedlichen Auslastungsgrade anzupassen, ist ein **Kapazitätsabgleich** erforderlich (siehe **Abbildung 6.2**). Dazu stehen für die Erhöhung bzw. Senkung des Kapazitätsangebotes verschiedene Möglichkeiten zur Verfügung:

- Ausweichbehandlungsplätze mit freien Kapazitäten suchen,
- Änderungen der Behandlungsmenge,
- Behandlungstermine verschieben ,
- Überstunden,
- zusätzliche Schichten,

- Einsatz von Leihpersonal,

- Verschiebung von medizintechnischen Wartungsarbeiten,

- Kurzarbeit,

- Reduzierung der Schichtzahl,

- Vorziehen von medizintechnischen Wartungsarbeiten etc.

Für jede zu terminierende Behandlung ist zu prüfen, ob für sie zum zuvor berechneten Termin ausreichend freie Kapazität zur Verfügung steht. Ist ausreichend freie Kapazität vorhanden, kann die Behandlung ohne Änderungen eingeplant werden. Bei fehlenden Kapazitäten ist die Behandlung auf einen Termin zu verschieben, an dem sie durchgeführt werden kann. Die Reihenfolge der eingeplanten Behandlungsmaßnahmen beeinflusst wesentlich das Ergebnis der gesamten Behandlungsplanung, da später einzuplanende Behandlungsmaßnahmen nur noch vorhandene Kapazitätslücken nutzen können.

Abbildung 6.2   Abgleich von Behandlungskapazitäten.

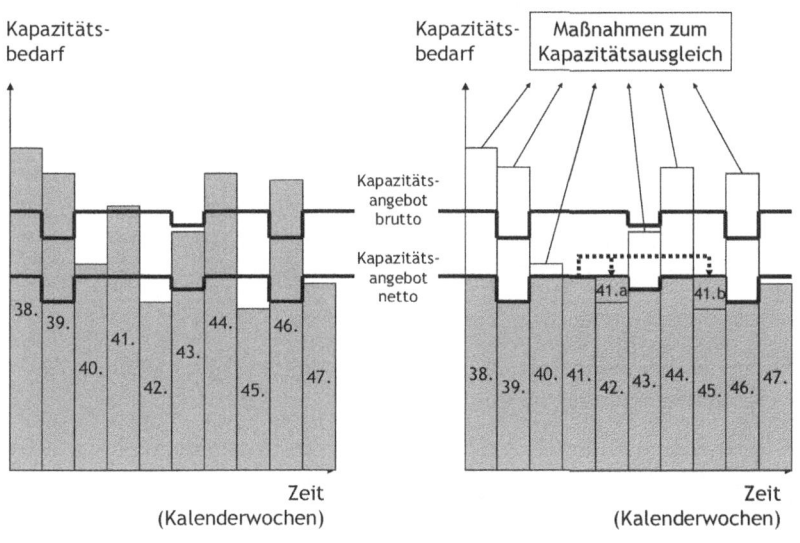

6.3   Terminierung von Behandlungen

Die Behandlungszeiten sind von zu vielen Faktoren abhängig, als dass sie minutiös geplant werden könnten. Die Behandlungsterminierung ist zweckmäßigerweise so vorzunehmen, dass auf der einen Seite nicht zu viele Leerlaufzeiten entstehen, aber auf der anderen Seite die Termine nicht zu eng liegen und dadurch Wartezeiten produziert werden.

Die benötigten Behandlungszeiten lassen sich in der Regel schätzen oder über einen längeren Zeitraum beobachten. Dadurch können Zeitwerte für gleiche Behandlungsarten dokumentiert und deren rechnerischer Mittelwert als zeitlicher Anhalt für eine bestimmte Behandlung genommen werden. Die auf diese Weise ermittelten Zeiten eignen sich für die Planung, obwohl beispielsweise auftretende Komplikationen das Einhalten der Termine erschweren können.

Die Vorteile einer bestmöglichen Behandlungsterminierung bestehen in einer gleichmäßigen Arbeitsauslastung des Gesundheitsbetriebs, der Vermeidung von Zeitdruck und dadurch verbesserter Arbeitsqualität. Der Patient erlebt geringere Wartezeiten und erhält gleichzeitig den Eindruck, dass der Gesundheitsbetrieb auf ihn eingestellt ist. Andererseits besteht für ihn eine Terminabhängigkeit, da er bis auf Ausnahmesituationen, etwa bei Notfällen, nur zu den vereinbarten Zeitpunkten behandelt wird.

Um einen Behandlungstermin pünktlich und zügig ablaufen zu lassen, sind einige Vorbereitungen zu treffen:

- Abschluss der Beratung mit dem Patienten (unter Verwendung der Untersuchungsergebnisse, von Bildtafeln, Kostendarstellungen etc.) und Entscheidung über die Behandlungsmaßnahme,

- Abschluss notwendiger Voruntersuchungen,

- Bereithalten von Röntgenbilder, Laboruntersuchungsergebnisse, Anschauungsmaterial, Instrumenten etc.,

- rechtzeitige Anfertigung und Eröffnung von Kostenvorausschätzungen für selbst zahlende Patienten,

■ Planung verschiedener Behandlungsarten unter Berücksichtigung von Tageszeiten, Wochenenden oder Feiertagen (beispielsweise unter Berücksichtigung der Möglichkeit, Nachkontrollen durchzuführen),

■ Berücksichtigung von Vorlaufzeiten bei Änderungen, damit die Ablaufplanung des betreffenden Tages rechtzeitig geändert und die Termine anderweitig belegt werden können,

■ Information aller Beteiligten bei auftretenden Verzögerungen über deren Grund,

■ Verdecken auftretender Verzögerungen gegenüber Patienten durch fraktionierte Wartezeiten (beispielsweise durch zeitliche Streckung von Maßnahmen der Behandlungsvorbereitung etc.),

■ Einbeziehung von Zeitpuffern und Notfallzonen.

Schwierige Zeiträume für die Behandlungsterminierung sind beispielsweise die Tage vor und nach Ferien- und Urlaubszeiten. An den ersten Arbeitstagen nach einem Praxisurlaub kommen erfahrungsgemäß zu den bestellten Patienten häufig Patienten mit Beschwerden, die an dem vorhergehenden Wochenende aufgetreten sind, sowie Patienten, die auf die Rückkehr ihres Arztes gewartet haben, zusammen. Weitere schwierige Tage in einer Arztpraxis sind beispielsweise die Abrechnungstermine oder allgemein Tage mit krankheitsbedingtem Personalausfall.

Bei der Terminierung des Behandlungsprozesses mit **Zeitmarken** wird dem Weg des Patienten zur, in und aus der Behandlung gefolgt. Je Zeitmarke werden für die Verfeinerung der Terminierungen die entsprechenden Start- und Endzeiten, Wartezeiten sowie eventuelle Vorkommnisse festgehalten (siehe **Tabelle 6.3**).

J. Bethge, Fachhochschule Frankfurt a .M., definiert auf der Grundlage der Zeitmarken beispielsweise folgende OP-Zeitabschnitte:

■ Zeitabschnitt von Schnittzeit bis Nahtzeit („Schnitt-Naht-Zeit"),

■ Zeitabschnitt von Freigabe durch den Anästhesisten bis zum Ende des Eingriffs („Operateurszeit"),

■ Zeitabschnitt zwischen Beginn und Ende der Anästhesiemaßnahmen („Anästhesiezeit").

Tabelle 6.3   Behandlungsterminierung mit Zeitmarken bei der OP-
                   Organisation. Quelle: In Anlehnung an *Universität
                   Wien*, Kooperationsprojekt „Qualität im Krankenhaus",
                   Modellprojekt OP-Organisation, Patientenbezogene
                   Zeitmarken

Zeit-marke	Vorgang	Erläuterung	Mögliche Verzögerungen
1	Einschleusen	Patient wird auf OP-Tisch gelagert	keine Patientenüberwachung, technische Probleme, Überlastung der Schleuse
2	Check-in	Tisch kommt mit Patient auf Säule	OP-Saal nicht sofort verfügbar, weil vorheriger Eingriff läuft, Saal nicht OP-bereit (fehlende Instrumente etc.), Nachrüstung nicht abgeschlossen, Vorrüstung nicht abgeschlossen, Hygienemaßnahme nicht abgeschlossen, Personal steht für OP nicht zur Verfügung
3	Anästhesie-beginn	Anästhesist nimmt mit Patient Kontakt auf, Beginn der Anästhesieversorgung	Unterlagen fehlen, Befunde fehlen, Anästhesiepersonal nicht bereit, Patient will Operateur noch sehen, Rückfragen sind erforderlich (zum Beispiel Eingriff unklar), Blutkonserven nicht bereit, Venenpunktion / Spinale/Epidurale schwierig

Zeit-marke	Vorgang	Erläuterung	Mögliche Verzögerungen
4	OP-Freigabe Anästhesie	Ende der anästhesiologischen Maßnahmen	Unvorhergesehene medizinische Schwierigkeiten, technische Probleme, Anästhesist in Ausbildung
5	OP-Freigabe Instrumentierpflege	Ende Lagerung, Desinfektion und steriles Abdecken; Neurochirurgie: Ende erste Desinfektion	Instrumente nicht zeitgerecht aufbereitet, zu wenige Tassen vorhanden, Änderung der Instrumente erforderlich, Umlagern aufgrund Änderung oder unklarer Angabe von Eingriff, aufwändige Lagerungszeit
6	OP-Beginn	Erster Hautschnitt	Befunde fehlen, Assistent verspätet, Operateur verspätet
7	OP-Ende	Ende, Verband anlegen inklusive Gips (sofern im OP)	unvorhersehbare medizinische Schwierigkeiten, unvorhersehbare Eingriffsänderung, technische Schwierigkeiten, Chirurg in Ausbildung
8	Check-out	Patient ist transportbereit	Medikamentenüberhang, rasche Beendigung, unvorhersehbare Schwierigkeiten bei Patient, Risikopatient, Anästhesist in Ausbildung, technischer Defekt

7   Hygieneorganisation

7.1   Allgemeine Hygieneorganisation

Die Hygieneorganisation nimmt im Gesundheitsbetrieb einen hohen Stellenwert ein. Hygienegerechtes Arbeiten ist eine wichtige Form der Gesundheitsvorsorge nicht nur für die Patienten, sondern auch für die Mitarbeiter. In Gesundheitsbetrieben treten beispielsweise vermehrt Krankheitskeime auf, die in Wunden gelangen und Infektionen auslösen können, wie etwa das Eindringen und Vermehren pathogener Mikroorganismen wie Bakterien, Viren, Pilze oder Protozoen, die über die Haut oder Schleimhaut in den Körper gelangen.

Nach einem Urteil des *Bundesgerichtshofs BGH* (vom 20.3.2007, AZ: VI ZR 158) kommt bei Hygienerisiken, die durch den Klinikbetrieb oder die Arztpraxis gesetzt und durch sachgerechte Organisation und Koordinierung des Behandlungsgeschehens objektiv voll beherrscht werden können, der Rechtsgedanke des § 282 BGB zur Anwendung, wonach die Darlegungs- und Beweislast für Verschuldensfreiheit bei der Behandlungsseite liegt.

Das *Infektionsschutzgesetz (IfSG)* regelt die Verhütung und Bekämpfung von Infektionskrankheiten und übernimmt damit auf Bundesebene Aufgaben im Rahmen der Gefahrenabwehr, die ansonsten durch die Bundesländer wahrgenommen werden. Für den Gesundheitsbetrieb enthält es beispielsweise neben begrifflichen Definitionen Meldepflichten für bestimmte Krankheiten, Aussagen zu behördlich angeordneten Desinfektionsmaßnahmen, zur Erfassung nosokomialer Infektionen und resistenter Erreger einschließlich deren Bewertung und Dokumentation sowie zur Einhaltung der Infektionshygiene, zu Hygieneplänen und Begehungen. Für Krankenhausküchen sind Regelungen zur Küchenhygiene vorhanden. Meldepflichten gibt es beispielsweise für Botulismus, Salmonellen, Legionellen, Tbc, Typhus, Tollwut, Polio, Meningokokken-Meningitis und -Sepsis, Masern, akute Virushepatitis, Diphtherie.

Ergänzt werden die Regelungen des *IfSG* durch die *Richtlinien für Kranken-haushygiene und Infektionsprävention* des *Robert-Koch*-Instituts *(RKI)*, Berlin, die durch die *Kommission für Krankenhaushygiene und Infektionsprävention am RKI* erstellt und regelmäßig ergänzt werden. So gibt das *RKI* beispiels-weise Empfehlungen zur Überprüfung der Viruswirksamkeit: So werden begrenzt viruzide Mittel (wirksam gegen behüllte Viren) im Allgemeinen als ausreichend für die Händedesinfektion oder gegen SARS-Coronaviren, Herpesviren sowie Influenza A und B angesehen, während viruzide Mittel (wirksam gegen unbehüllte Viren) zur Instrumentendesinfektion (ohne Sterilisation) oder gegen Adenoviren, Noroviren, Papillomaviren, Polio- und Rotaviren zum Einsatz gelangen sollen.

Die *Medizinproduktebetreiberverordnung (MPBetreibV)* regelt zum einen die Voraussetzungen für die Instandhaltung, Wartung und Aufbereitung von Medizinprodukten (beispielsweise Sachkenntnis, erforderliche Mittel etc.) und zum anderen die Aufbereitung von keimarm oder steril zur Anwen-dung kommenden Medizinprodukten, die unter Berücksichtigung der Herstellerangaben mit geeigneten Verfahren so durchzuführen ist, dass die Sicherheit und Gesundheit von Patienten oder anderer nicht gefährdet wird. Zusätzlich zu den Richtlinien des RKI gibt die *MPBetreibV* die Emp-fehlungen des *Bundesinstitutes für Arzneimittel und Medizinprodukte (BfArM)*, Bonn, zu den Anforderungen an die Hygiene bei der Aufbereitung von Medizinprodukten vor.

Die *DIN EN ISO 17664* zur Sterilisation von Medizinprodukten regelt die vom Hersteller bereitzustellenden Informationen für die Aufbereitung von resterilisierbaren Medizinprodukten. Darunter fallen Medizinprodukte, die aufgrund ihrer Mehrfachverwendung eine Wiederaufbereitung erfordern, die sie erneut in einen sterilen, gebrauchsfertigen Zustand versetzt. Danach müssen beispielsweise Aussagen zur zulässigen Anzahl der Wiederaufbe-reitungszyklen, maximale Zeitspanne zwischen Verwendung und Reini-gung, validierten Verfahren zur Reinigung, Desinfektion (Reinigungstem-peratur; erlaubte Chemikalien, deren Konzentration, Einwirkzeit, Rück-stände), Trocknung (maximale Temperatur, Einwirkzeit) und Sterilisation (Sterilisationsverfahren; Sterilisiermittel, Temperatur, Druck, Einwirkzeit) erfolgen.

Die Sicherheit von Sterilisationsprozessen lässt sich graduell nach dem *Sterility Assurance Level (SAL)* angeben. Dieser muss nach der *DIN EN 556* bei Medizinprodukten 10^{-6} sein, was bedeutet, dass diejenigen Sterilisationsverfahren geeignet sind, die nicht mehr als ein unsteriles Medizinprodukt unter einer Million Produkten aufweisen.

Die *DIN 1946 Raumlufttechnik* behandelt in Teil 4 raumlufttechnische Anlagen in Gebäuden und Räumen des Gesundheitswesens. Sie regelt beispielsweise anhand verschiedener Raumklassen die Luftführungssysteme und unterscheidet zwischen *turbulenzarmer Verdrängungsströmung (TAV)* für Operationsbereiche für Eingriffe mit besonders hohem Infektionsrisiko, mit mehrstündig großflächig-offenem Operationsfeld oder Lagerungszeit offenen Instrumentariums sowie *Misch- oder Verdrängungsströmung* in Räumen ohne definierten Schutzbereich für endoskopische Untersuchungen oder Katheterisierungen.

Die *Technischen Regeln für Biologische Arbeitsstoffe (Biologische Arbeitsstoffe im Gesundheitswesen und in der Wohlfahrtspflege, TRBA 250)* geben den Stand der sicherheitstechnischen, arbeitsmedizinischen, hygienischen sowie arbeitswissenschaftlichen Anforderungen bei Tätigkeiten mit Biologischen Arbeitsstoffen wieder und werden vom *Ausschuss für Biologische Arbeitsstoffe (ABAS)* zusammen mit dem *Fachausschuss „Gesundheitsdienst und Wohlfahrtspflege" (FA GES)* des *Hauptverbandes der gewerblichen Berufsgenossenschaften (HVBG), Sankt Augustin,* aufgestellt und von ihnen regelmäßig angepasst. Sie enthalten beispielsweise Schutzmaßnahmen gegenüber *Methicillinresistente Staphylococcus Aureus-Stämmen (MRSA),* nach denen Beschäftigte in Gesundheitsbetrieben über den Umgang mit MRSA-kolonisierten oder infizierten Patienten sowie über die erforderlichen besonderen Hygienemaßnahmen zu unterrichten sind.

Am Beispiel des Umganges mit MRSA kolonisierten Patienten lassen sich verschiedene hygienische Maßnahmen für einzelne Gesundheitsbetriebe ableiten (siehe **Tabelle 7.1**).

Tabelle 7.1   Umgang mit Methicillin-resistenten Staphylococcus
                 aureus (MRSA). Quelle: In Anlehnung an Borgmann
                 (2008).

Gesundheits-betrieb	Maßnahmen
Arztpraxis	Strikte Umsetzung der Standardhygienemaßnahmen; Einhaltung der Händehygiene (Händedesinfektion, gegebenenfalls Händewaschen/Tragen von Handschuhen); hygienische Händedesinfektion muss vor und nach jeder Tätigkeit am Patienten sowie nach dem Ausziehen von Einmalhandschuhen erfolgen; Aufenthalt MRSA besiedelte Patienten im Wartebereich der Praxis so kurz wie möglich aufhalten, bzw. nur direkt in den Behandlungsraum; Behandlung sollte am Ende der Sprechstunde erfolgen; Anlegen von Einmalhandschuhen und Einmalschürzen bzw. von Patienten gebundenen Schutzkittel bei der unmittelbaren Wundbehandlung (einschließlich Verbandswechsel) bzw. der Behandlung entzündeter Hautareale; Anlegen eines Mund-Nasen-Schutzes bei der Behandlung und Pflege *MRSA* kolonisierter Patienten; patientengebunde Verwendung von Pflegehilfsmitteln oder, sofern möglich, reinigende Desinfektion vor Anwendung an anderen Patienten; Desinfektion der kontaminierten Arbeitsflächen mit einem Flächendesinfektionsmittel; Leitlinien konforme Entsorgung medizinischer Abfälle.
Krankenhaus	Zusätzliche Hygienemaßnahmen nach *RKI* um eine *MRSA*-Ausbreitung zu vermeiden: Isolierung in einem Einzelzimmer; personenbezogene Verwendung von Schutzkittel und medizinischen Instrumenten; Benutzung von Einmalhandschuhen und gegebenenfalls Mund-Nasen-Schutz; Sanierung der MRSA-Kolonisierung; Screeningprogramm zur gezielten bakteriologischen Untersuchung auf MRSA von Angehörigen bestimmter Risikogruppen (Dialyse, Tracheostoma usw.) bei der stationären Aufnahme.

Pflegeheim	Wenn die pflegerische Betreuung überwiegt: Händehygiene vor Zimmerverlassen; nach Ausziehen Einmalhandschuhe Händedesinfektion nach direktem Bewohnerkontakt, insbesondere vor und nach spezifischen pflegerischen Maßnahmen zum Beispiel Wundversorgung, Harnwegskatheter, PEG, Tracheostoma, Stomata, etc.; Einmalhandschuhe bei möglichem Kontakt mit Erreger haltigem Material; Schutzkleidung bei engem pflegerischen Kontakt (zum Beispiel Umbetten); Mund-Nasen-Schutz bei möglichem Kontakt mit infektiösen Aerosolen (zum Beispiel Tracheostoma Pflege); Desinfektion von Flächen mit häufigem Hand-/Hautkontakt; Wäsche: 60°C mit desinfizierendem Waschmittel oder Kochwäsche; desinfizierende Aufbereitung der Betten, gegebenenfalls Schutzbezüge.

7.2 Gesundheitsbetriebliche Hygieneplanung

Die Umsetzung von hygienischen Maßnahmen in Gesundheitsbetrieben in einem **Hygieneplan** ist nach *IfSG* und nach *TRBA 250* letztendlich für das gesamte Gesundheitswesen vorgeschrieben. Die Maßnahmen der Desinfektion, Sterilisation sind schriftlich festzulegen und deren Einhaltung zu überwachen. Der Hygieneplan enthält Angaben zum Objekt, Art, Mittel, Zeitpunkt und Verantwortlichkeit über einzelne Hygienemaßnahmen im Gesundheitsbetrieb. Jeweils geeignete Maßnahmen, Desinfektionsmittel etc. richten sich beispielsweise auch nach den anerkannten Desinfektionsmittel und -verfahren der *Deutschen Gesellschaft für Hygiene und Mikrobiologie (DGHM)*, Hannover, bzw. des *Verbunds für Angewandte Hygiene e.V. (VAH)*, Bonn. Er stellt eine Bündelung wissenschaftliche Fachgesellschaften und Berufsverbände sowie Experten aus den Bereichen Hygiene, öffentliches Gesundheitswesen und Infektiologie und somit aller Kräfte auf dem Gebiet der angewandten Hygiene dar, um Prüfvorschriften und Bewertungsmöglichkeiten für Verfahren der Dekontamination, Desinfektion, Antiseptik und Sterilisation zu erarbeiten, sowie den Erfahrungsaustausch und die fachübergreifende Kooperation mit relevanten medizinischen und nichtmedizinischen Disziplinen sowie die nationale und internationale Zusammenarbeit zur Abstimmung über Indikation, Toxikologie und Ökologie von Produkten und Maßnahmen der angewandten Hygiene zu pflegen.

Für die Erstellung der Hygieneplanung enthält das *IfSG* keine detaillierten Vorgaben, sondern überlässt dies weitgehend dem Ermessen des jeweiligen Gesundheitsbetriebs. Der Hygieneplan muss allerdings die innerbetrieblichen Verfahrensweisen zur Infektionshygiene umfassen und auf die Situation im jeweiligen Betrieb angepasst und durch betriebsspezifische Details und Festlegungen ergänzt sein (siehe **Tabelle 7.2**). Zu berücksichtigen sind dabei auch eventuell vorhandene regionale Regelungen und Landesvorschriften.

Das *Stadtgesundheitsamt Frankfurt a. M.* hat einen Musterhygieneplan für die Belange einer Praxis für Allgemeinmedizin mit folgenden, auszugsweise wiedergegebenen Inhalten erstellt:

- *Händehygiene*: Händewaschen (Händewaschen, Händepflege – wann, Händewaschen – wie): hygienische Händedesinfektion (Hygienische Händedesinfektion – wann, Hygienische Händedesinfektion – wie, hygienische Händedesinfektion gemäß *DIN EN 1500*),

- *Hautantiseptik (Hautdesinfektion)*: Hautantiseptik – wann, Hautantiseptik bei Injektionen, Kapillarblutentnahmen, Venenpunktionen, Akupunktur, (i.c., s.c., i.m.) – wie,

- *Flächenreinigung und -desinfektion*: routinemäßige Flächendesinfektion, gezielte Flächendesinfektion, Flächendesinfektion – wann/wo, Flächendesinfektion – wie,

- *Aufbereitung von Medizinprodukten (chirurgischeInstrumente)*: Risikogruppeneinteilung gemäß RKI-Richtlinie, Reinigung/Desinfektion, Spülung und Trocknung (manuelle Desinfektion/Reinigung), Sterilisation

- *Reinigung/Desinfektion von Medizinprodukten (medizinische Geräte)*: Aufbereitung des EKG-Gerätes/Belastungs-EKG/Fahrradergometer, Lungenfunktionsgerät, Ozontherapie, Akupunktur,

- Schutzmaßnahmen,

- Umgang mit Medikamenten,

- Abfallentsorgung.

Die Leitung des Gesundheitsbetriebs trägt die Verantwortung für die Sicherstellung der hygienischen Anforderungen. Die Sicherung der personellen, materiellen, technischen und räumlichen Voraussetzungen hierfür liegt in der Verantwortlichkeit des jeweiligen Trägers. Die Anleitung und Kontrolle wird aufbauorganisatorisch häufig durch einen Hygienebeauftragten oder eine entsprechende Organisationseinheit wahrgenommen, die unter anderem den Hygieneplan zu erstellen und aktualisieren haben, die Meldung von Infektionskrankheiten und -häufungen kontrollieren müssen, die Einhaltung der im Hygieneplan festgelegten Maßnahmen überwachen sollen und die Hygienebelehrungen durchzuführen und zu dokumentieren haben. Auch die Durchführung hygienisch-mikrobiologischer Umgebungsuntersuchungen in Absprache mit dem Gesundheitsamt kann zu ihren Aufgaben gehören. Die Fortbildung nach aktuellen hygienefachlichen Gesichtspunkten wird in der Regel nach Maßgabe der *Deutschen Gesellschaft für Krankenhaushygiene (DGKH)*, Berlin, durchgeführt.

Die Hygieneplanung ist jährlich im Hinblick auf ihre Aktualität zu überprüfen und durch Begehungen routinemäßig sowie bei Bedarf zu kontrollieren. Sie muss für alle Mitarbeiter jederzeit zugänglich und einsehbar sein und sie sind mindestens einmal jährlich hinsichtlich der erforderlichen Hygienemaßnahmen zu belehren.

Tabelle 7.2   Auszug aus dem Reinigungs- und Desinfektionsplan für
                   Alten- und Altenpflegeheime (Muster). Quelle: Rahmen-
                   Hygieneplan gemäß § 36 Infektionsschutzgesetz für Al-
                   ten- und Altenpflegeheime erarbeitet vom *Länder-*
                   Arbeitskreis zur Erstellung von Hygieneplänen.

Reinigungs-/ Desinfek- tionsbereich	R D S	Wann?	Womit?	Einwirkzeit/ Konzen- tration/ Zubereitung	Wie?	Wer?
Hände waschen	R	zum Dienstbeginn, vor Umgang mit Lebensmit- teln, nach dem Essen, bei Verschmutzung, nach Toilettenbenutzung, nach Tierkontakt	Wasch- lotion in Spen- dern		auf die feuchte Haut geben und mit Wasser aufschäu- men	Perso- nal
Hände desinfizieren	D	nach Pflegemaßnahmen, Schmutzarbeiten, nach Kontakt mit infektiösen Bewohnern, nach Kontakt mit Stuhl, mit Urin, infekti- ösem Material unter anderem, nach Ablegen der Schutzhandschuhen, vor dem Anlegen von Verbänden bzw. Ver- bandswechsel, vor Medi- kamentenverabreichung, vor Kontakt mit infektions- gefährdeten Bewohnern, vor Handhabungen an liegenden Kathetern, Drainagesystemen usw.	Hände- des- infekti- ons- mittel	Empfehlung der DGHM / gebrauchsfer- tig	Ausreichen- de Menge, mind. 3-5 ml auf der trockenen Haut gut verreiben, bei sichtba- rer, grober Ver- schmutz- ung diese vorher mit Zellstoff beseitigen	Perso- nal

Reinigungs-/ Desinfek- tionsbereich	R D S	Wann?	Womit?	Einwirkzeit/ Konzen- tration/ Zubereitung	Wie?	Wer?
Hände pflegen		nach dem Waschen	Haut- creme aus Tuben oder Spen- dern		auf trocke- nen Händen gut verrei- ben	Alle
kontaminier- te Flächen / Gegenstän- de	D	sofort	Flächen- desin- fektions- mittel	Empfehlung der DGHM / Hersteller- angaben	Wischdes- infektion nach Ent- fernung grober Verunreini- gungen	Perso- nal
Arbeitsflä- chen in Funktions- räumen	D	täglich	Flächen- desin- fektions- mittel	Empfehlung der DGHM / Hersteller- angaben	Wischdes- infektion	Perso- nal
in Pflege- bereichen: Griffbereich von Bettge- stellen, Nachttisch, Tisch, Türklinken, Handläufen	R	täglich	Reini- gungs- lösung	Empfehlung der DGHM / Hersteller- angaben	Feucht- reinigung	Reini- gungs- kräfte
	D	täglich	Desinfek -tionsrei- niger			

Reinigungs-/ Desinfek- tionsbereich	R D S	Wann?		Womit?	Einwirkzeit/ Konzen- tration/ Zubereitung	Wie?	Wer?
Schränke, Türen	R	wöchentlich		Reini- gungs- lösung	Empfehlung der DGHM / Hersteller- angaben	Feucht- reinigung	Reini- gungs- kräfte

R = Reinigung, D = Desinfektion, S = Sterilisation

7.3 Reinigungs-, Desinfektions- und Sterilisationsorganisation

Die Organisation der Hygienearbeiten richtet sich überwiegend nach Art und Umfang der medizinischen Leistungserstellung des jeweiligen Gesundheitsbetriebs. Je nachdem, ob es sich beispielsweise um eine Pflege-einrichtung handelt, in einer Hausarztpraxis nur einfache Diagnosen, in einem MVZ ambulante Eingriffe und Operationen oder aber in einem Krankenhaus der Vollversorgung Organtransplantationen vorgenommen werden, ist der organisatorische Aufwand für Reinigungs-, Desinfektions- und Sterilisationsarbeiten unterschiedlich hoch.

Für die Hygiene bei der **Flächendesinfektion** und -reinigung stellt das *Robert-Koch-Institut (RKI)* Anforderungen, die beispielsweise den Umgang, die Aufbereitung und Aufbewahrung von zum mehrmaligen Gebrauch bestimmter Reinigungs- und Wischtücher umfassen, den Reinigungsvor-gang beschreiben (Nassreinigung mit ausreichender Menge des Desinfek-tionsmittels und Vermeidung von Feuchtreinigen bzw. nebelfeuchtem Wischen) oder den Einsatz von Sprühdesinfektion, den Umgang mit kon-taminiertem Material und die Einhaltung der Einwirkzeiten regeln.

Bei der **Händedesinfektion** stehen beispielsweise der Einsatz von hochdo-sierten alkoholischen Präparaten auf Propanol- und/oder Ethanolbasis (Verbesserung der Viruswirksamkeit), von Spendereinrichtungen mit El-lenbogenbedienung sowie eine ausreichende Einwirkzeit im Vordergrund.

Die **Hautdesinfektion** richtet sich nach Ausmaß und Gefährdungsgrad der Eingriffe (invasive Untersuchungen, kleinere invasive Eingriffe, Operationen) und reicht beispielsweise vom Einsatz eines aufgesprühten Antiseptikums bei eingehenden klinischen Untersuchungen, Injektionen, oder Legen von peripheren Verweilkanülen für Kurzzeitinfusionen, über eine satt aufgetragene Antiseptik bei ausgedehnter primärere Wundversorgung, Interventionen, Punktionen von Gelenken oder Körperhöhlen (hinzu kommt das Tragen steriler Handschuhe, Kittel etc.), der Anwendung von unverdünnt und mit satt getränkten sterilen Stiel-Tupfern auftragen Desinfektionsmittel vor Operationen, bei denen die Haut im Eingriffsgebiet über den gesamten Zeitraum feucht gehalten werden muss, bis hin zu besonderen Anforderungen bei der Desinfektion von talgdrüsenreicher Haut oder Schleimhäuten.

Den größten organisatorischen Aufwand verursacht sicherlich die **Operationsdesinfektion** bei Operationen und anderen invasiven Eingriffen. Nach Angaben des *RKI* werden dabei die Eingriffe nicht nur nach Ausmaß und Gefährdungsgrad, sondern auch nach Kontaminationsgrad differenziert, die beispielsweise zwischen nicht kontaminierten Regionen (Gr. I) bis hin zu manifest infizierte Regionen (Gr. IV) unterscheiden. Die Anforderungen umfassen beispielsweise die Trennung der Personalschleuse (einschließlich Waschbecken, Toiletten) und Patientenübergaben in reine und unreine Seiten, der Einsatz steriler Kittel, sterile Handschuhe, von Haarschutz bzw. Mund- und Nasenschutz, die chirurgische Händedesinfektion, die Zwischendesinfektion patientennaher Flächen, sichtbar kontaminierter Flächen oder des gesamten Fußbodens, die täglich nach Betriebsende vorzunehmende Enddesinfektion aller Räume im Operationsbereich sowie Maßnahmen zur Prävention postoperativer Infektionen im Operationsgebiet.

Die Anforderungen an die *maschinelle* Desinfektion bzw. Sterilisation beziehen sich hauptsächlich auf den Einsatz von Reinigungs-Desinfektions-Geräten (RDG), Sterilisatoren (Autoklaven), Ultraschallreinigungsgeräte und anderen mehr. Neben der sachgerechten Anwendung (Desinfektion, Spülung, Trocknung, Prüfung auf Sauberkeit, Unversehrtheit, Funktionsprüfung, Sterilisation, Verpackung, Kennzeichnung etc.) nehmen die *Sachkunde* (bei unkritischen Medizinprodukten, wie Stethoskop, EKG-Elektroden, Beatmungsmaske und halbkritischen Produkten, wie Spekulum, flexibles Endoskop, Larynxmaske, Tubus etc.) sowie die *Fachkunde* (bei kritischen Medzinprodukten, wie Wundhaken, chirurgische Pinzetten, Scheren, Endoskopzangen etc.) nach Maßgabe der *Deutschen Gesellschaft für Sterilgutversorgung (DGSV) e.V.*, Halle, der Mitarbeiter eine wichtige Rolle ein und sind beim organisatorischen Aufwand für die Reinigungs-, Desinfektions- und Sterilisationsarbeiten zu berücksichtigen.

Bei der **Lagerung** desinfizierter bzw. steriler Medizinprodukte sind sachgerechte Lagerbehältnisse (feste Sterilisierbehälter, Container, Klarsichtverpackungen, Sterilisationsvlies etc.), geeignete Lagerarten (staubarm, trocken etc.) sowie Lagerfristen (bis zu zwei Tagen bei ungeschützter Lagerung, bis zu sechs Monaten bei geschützter Lagerung, bis zu fünf Jahre mit Umhüllung etc.) zu berücksichtigen.

Der Hygieneleitfaden des *Deutschen Arbeitskreises für Hygiene in der Zahnmedizin (DAHZ)* umfasst beispielsweise folgende Punkte zur Reinigungs-, Desinfektions- und Sterilisationsorganisation in Zahnarztpraxen:

- Grundregel der Nichtkontamination,

- Farbcode-System,

- Mundhölen-Antiseptik,

- Händehygiene,

- Handschuhe,

- Aufbereitung von Medizinprodukten (Dentalinstrumente): Risikobewertung und Einstufung von Medizinprodukten, Aufbereitungsverfahren für Medizinprodukte (maschinelle Reinigung und Desinfektion im Reinigungs- und Desinfektionsgerät (RDG), manuelle Reinigung und Desinfektion durch Eintauchverfahren bzw. Sprüh-/Wischverfahren, thermische Behandlung im Dampfsterilisator, Sterilisation im Dampfsterilisator), Voraussetzungen für die Aufbereitung von Medizinprodukten, Chargenkontrolle und Freigabe von Medizinprodukten, Dokumentation der Aufbereitung und Lagerung von Medizinprodukten, Festlegung der Aufbereitungsverfahren für Medizinprodukte,

- Flächen,

- Abformungen, zahntechnische Werkstücke,

- Wasser führende Systeme,

- Absauganlagen,

- Praxiswäsche,

- Schutzausrüstung,

- Abfälle,

- Postexpositionsprophylaxe,

- arbeitsmedizinische Vorsorge.

8 Organisation der gesundheitsbetrieblichen Abfallentsorgung und des Umweltschutzes

8.1 Umweltrechtliche Vorgaben für Gesundheitsbetriebe

Gesundheitsbetriebe haben eine besondere Verantwortung im Bereich des Umweltschutzes, da sie Aufgaben im Rahmen der Gesundheitsvorsorge und Gesundheitsprophylaxe wahrnehmen. Bemühen sie sich nicht, die Belastungen der Umwelt bei der medizinischen Versorgung so gering wie möglich zu halten, konterkarieren sie ihre Aufgaben im Rahmen der Vorsorge und Heilung.

Ein nicht unbeträchtliches Problempotenzial stellen umweltrelevante Stoffe und Arbeitsabläufe in einem Gesundheitsbetrieb dar. Es sind in diesem Zusammenhang nicht nur umweltrechtliche Vorgaben einzuhalten, sondern auch wirtschaftliche Gesichtspunkte zu berücksichtigen. Die Entsorgung von oft als Sondermüll zu deklarierenden Abfällen aus Krankenhäusern oder Arztpraxen, der Energieverbrauch durch Klima-, Heizungs- und Lüftungsanlagen oder Gebühren für steigende Frischwasser- und Abwassermengen belasten die ökonomische Situation einzelner Betriebe zusätzlich.

Insofern ist der **Umweltschutz** zwar nicht als primäre Aufgabe eines Gesundheitsbetriebs anzusehen. Allerdings bestehen allerdings sowohl rechtliche als auch gesellschaftliche Anforderungen, die ein **Umweltmanagement** im Gesundheitsbetrieb rechtfertigen.

Als Hauptaufgaben eines betrieblichen Umweltmanagements sind daher anzusehen:

■ *Risiken von Stör- und Unfällen reduzieren*: insbesondere durch umweltge-
rechte Prozesse beim Arbeiten in Laboratorien, bei der Anwendung
medizinischer Technik, beim Umgang mit Chemikalien, Abfällen, Mikroorganismen, Radionukliden und sonstigen radioaktiven Materialien,
beim Arbeiten in Krankenhausküchen und -wäschereien, bei Abluft,
Abwasser und Haustechnik,

■ *Einsparpotenziale realisieren*: Verringerung von Kosten und der Umweltbelastung durch Material- und Energiesparmaßnahmen,

■ *Mitarbeitermotivation verbessern*: Umsichtige, vorbildlich umweltgerech-
te Betriebsführung fördert die Identifikation mit dem Gesundheitsbetrieb.

■ *Haftungsrisiken vermindern*: Nachweis der Einhaltung der Sorgfalts-
pflicht durch Dokumentationen, Vorschriften und Dienstanweisungen
und sonstigen Nachweisen über einen ordnungsgemäßen Betrieb.

Beispielsweise schreiben Wasserhaushaltsgesetze häufig die Reinigung
von Abwasserströmen nach dem Stand der Technik und möglichst was-
sersparende Verfahrensweisen vor. Sie enthalten oft rechtliche und technische Auflagen sowie Einleitgrenzwerte für abwasserbelastende Stoffe
wie Desinfektionsmittel, Laborchemikalien und Medikamente, insbesondere Zytostatika und Diagnostika, cyanidhaltigen Chemikalien bei
der Hämoglobinbestimmung oder jodhaltige Diagnostika in der Computertomographie. Für den Umgang mit wassergefährdenden Stoffen gibt
es in der Regel ebenfalls Vorschriften.

Für den Gesundheitsbetrieb setzt das **Umweltrecht** die rechtlichen ökologischen Rahmenbedingungen. Es ist nicht in einem einheitlichen Umweltgesetzbuch geregelt, sondern besteht aus einer Vielzahl von Einzelgesetzen, die durch Verordnungen oder auch durch allgemeine Verwaltungsvorschriften konkretisiert und dem jeweiligen Kenntnisstand entsprechend
angepasst werden. Die Verordnungen und Verwaltungsvorschriften enthalten im Vergleich zu den Gesetzen oft konkrete, technisch-naturwissen-
schaftlich begründete Inhalte, etwa zur erlaubten Luft- oder Lärmbelästi-
gung. Zusätzlich werden technische Regelwerke wie etwa *DIN*-Vorschrif-
ten oder *VDI*-Regelungen zum Ausfüllen unbestimmter Rechtsbegriffe
herangezogen.

8.2 Organisation der Entsorgung von medizinischen Verbrauchsmaterialien

Die Entsorgung von Verbrauchsmaterialien in Gesundheitsbetrieben variiert entsprechend dem Einsatzzweck der Materialien, ihrer Umweltbelastung, Zusammensetzung und ihrem Zustand erheblich, was sich auf die Art und Weise der Entsorgung auswirkt. Nach der *Richtlinie über die ordnungsgemäße Entsorgung von Abfällen aus Einrichtungen des Gesundheitsdienstes* (Stand: Januar 2002) des *Robert-Koch-Instituts (RKI)* hat die Entsorgung nach den Grundsätzen der Kreislaufwirtschaft zu erfolgen. Grundlage hierfür sind die Bestimmungen des Abfall-, Infektionsschutz-, Arbeitsschutz-, Chemikalien und Gefahrgutrechts.

Auszug aus der *RKI-Richtlinie über die ordnungsgemäße Entsorgung von Abfällen aus Einrichtungen des Gesundheitsdienstes* (Stand: Januar 2002): „Die Entsorgung von Abfällen aus Einrichtungen des Gesundheitsdienstes hat so zu erfolgen, dass die Gesundheit und das Wohl des Menschen, die Umwelt (Luft, Wasser, Boden, Tiere, Pflanzen und Landschaft) und die öffentliche Sicherheit und Ordnung nicht gefährdet werden. Nach den Grundsätzen der Kreislaufwirtschaft sind Abfälle in erster Linie zu vermeiden, insbesondere durch Verminderung ihrer Menge oder Schädlichkeit, in zweiter Linie stofflich oder energetisch zu verwerten, soweit dies technisch möglich, hygienisch vertretbar, wirtschaftlich zumutbar und ein Markt vorhanden ist oder geschaffen werden kann. Nicht verwertbare Abfälle sind unter dauerhaftem Ausschluss aus der Kreislaufwirtschaft ohne Beeinträchtigung des Allgemeinwohls, insbesondere der Umwelt, zu beseitigen."...." Die ordnungsgemäße Entsorgung des Abfalls betrifft das Sammeln, Verpacken, Bereitstellen, Lagern, Transportieren, Behandeln, Verwerten oder Beseitigen innerhalb und außerhalb der Einrichtung des Gesundheitsdienstes – bis zur abschließenden Verwertung oder Beseitigung."...." Es bestehen keine hygienischen Bedenken gegen die stoffliche Verwertung von Glas, Papier, Metall oder anderen Materialien, sofern diese bereits in den einzelnen Bereichen der Einrichtung getrennt gesammelt werden und kein Blut, Sekret und Exkret oder schädliche Verunreinigungen (mit biologischen und chemischen Agenzien) enthalten oder mit diesen kontaminiert sind (zum Beispiel Verpackungen)."

Zur Entsorgung werden die Abfälle von Gesundheitsbetrieben gemäß der *RKI*-Richtlinie je nach Art, Beschaffenheit, Zusammensetzung und Menge den Abfallarten nach der Verordnung über das *Europäische Abfallverzeichnis (Abfallverzeichnis-Verordnung, AVV)* und der dazugehörigen *Abfallschlüssel (AS)* zugeordnet (siehe **Tabelle 8.1**).

Tabelle 8.1   Abfallentsorgung nach der *Richtlinie über die ordnungsgemäße Entsorgung von Abfällen aus Einrichtungen des Gesundheitsdienstes* (Stand: Januar 2002) des *Robert-Koch-Instituts (RKI)*.

Abfallart	Anfallstellen	Bestandteile	Sammlung / Lagerung	Entsorgung
Spitze und scharfe Gegenstände („sharps")	Gesamter Bereich der Patientenversorgung	Skalpelle, Kanülen von Spritzen und Infusionssystemen, Gegenstände mit ähnlichem Risiko für Schnitt- und Stichverletzungen	Erfassung am Abfallort in stich- und bruchfesten Einwegbehältnissen, kein Umfüllen, Sortieren oder Vorbehandeln	Keine Sortierung; überwachungsbedürftig bei Beseitigung

Abfallart	Anfallstellen	Bestandteile	Sammlung / Lagerung	Entsorgung
Körperteile, Organabfälle, gefüllte Behältnisse mit Blut und Blutprodukten	Operationsräume, ambulante Einrichtungen mit entsprechenden Tätigkeiten	Körperteile, Organabfälle, Blutbeutel, mit Blut oder flüssigen Blutprodukten gefüllte Behältnisse	gesonderte Erfassung am Anfallort, keine Vermischung mit Siedlungsabfällen, kein Umfüllen, Sortieren oder Vorbehandeln, Sammlung in sorgfältig verschlossenen Einwegbehältnissen (zur Verbrennung geeignet); zur Vermeidung von Gasbildung begrenzte Lagerung	Gesonderte Beseitigung in zugelassener Verbrennungsanlage, zum Beispiel Sonderabfallverbrennung (SAV), einzelne Blutbeutel: Entleerung in die Kanalisation möglich (unter Beachtung hygienischer und infektionspräventiver Gesichtspunkte, kommunale Abwassersatzung beachten); überwachungsbedürftig bei Beseitigung

Abfallart	Anfallstellen	Bestandteile	Sammlung / Lagerung	Entsorgung
Abfälle, die mit meldepflichtigen Erregern behaftet sind, wenn dadurch eine Verbreitung der Krankheit zu befürchten ist	Operationsräume, Isoliereinheiten von Krankenhäusern, mikrobiologische Laboratorien, klinisch-chemische und infektions-serologische Laboratorien, Dialysestationen und -zentren bei Behandlung bekannter Hepatitis-virusträger, Abteilungen für Pathologie	Abfälle, die mit erregerhaltigem Blut, Sekret oder Exkret behaftet sind oder Blut in flüssiger Form enthalten, zum Beispiel mit Blut oder Sekret gefüllte Gefäße, blut- oder sekretgetränkter Abfall aus Operationen, gebrauchte Dialysesysteme aus Behandlung bekannter Virusträger, mikrobiologische Kulturen aus zum Beispiel Instituten für Hygiene, Mikrobiologie und Virologie, Labormedizin, Arztpraxen mit entsprechender Tätigkeit	Am Anfallort verpacken in reißfeste, feuchtigkeitsbeständige und dichte Behältnisse. Sammlung in sorgfältig verschlossenen Einwegbehältnissen (zur Verbrennung geeignet, Bauartzulassung), kein Umfüllen oder Sortieren, zur Vermeidung von Gasbildung begrenzte Lagerung	Keine Verwertung, keine Verdichtung oder Zerkleinerung. Entsorgung als besonders überwachungsbedürftiger Abfall mit Entsorgungsnachweis: Beseitigung in zugelassener Abfallverbrennungsanlage, zum Beispiel Sonderabfallverbrennung (SAV) oder: Desinfektion mit vom RKI zugelassenen Verfahren, Einschränkung bei bestimmten Erregern; besonders überwachungsbedürftiger Abfall (büA)

Abfallart	Anfallstellen	Bestandteile	Sammlung / Lagerung	Entsorgung
Mit Blut, Sekreten bzw. Exkreten behaftete Abfälle wie Wundverbände, Gipsverbände, Einwegwäsche, Stuhlwindeln, Einwegartikel etc.	Gesamter Bereich der Patientenversorgung	Wund- und Gipsverbände, Stuhlwindeln, Einwegwäsche, Einwegartikel (zum Beispiel Spritzenkörper) etc., gering mit Zytostatika kontaminierte Abfälle, wie Tupfer, Ärmelstulpen, Handschuhe, Atemschutzmasken, Einmalkittel, Plastik-/ Papiermaterial, Aufwischtücher, leere Zytostatikabehältnisse nach bestimmungsgemäßer Anwendung (Ampullen, Spritzenkörper ohne Kanülen etc.), Luftfilter und sonstiges gering kontaminiertes Material von Sicherheitswerkbänken; nicht: Getrennt erfasste, nicht kontaminierte Fraktionen von Papier, Glas, Kunststoffen	Sammlung in reißfesten, feuchtigkeitsbeständigen und dichten Behältnissen; Transport nur in sorgfältig verschlossenen Behältnissen (gegebenenfalls in Kombination mit Rücklaufbehältern); kein Umfüllen (auch nicht im zentralen Lager), Sortieren oder Vorbehandeln (ausgenommen Aufgabe in Presscontainer)	Verbrennung in zugelassener Abfallverbrennungsanlage (HMV) oder Deponierung, solange noch zulässig. Behältnisse mit größeren Mengen Körperflüssigkeiten können unter Beachtung von hygienischen und infektionspräventiven Gesichtspunkten in die Kanalisation entleert werden (kommunale Abwassersatzung beachten); alternativ ist durch geeignete Maßnahmen sicherzustellen, dass keine flüssigen Inhaltsstoffe austreten; überwachungsbedürftig bei Beseitigung

Abfallart	Anfallstellen	Bestandteile	Sammlung / Lagerung	Entsorgung
Chemikalien, die aus gefährlichen Stoffen bestehen oder solche enthalten	Diagnostische Apparate, Laborbereiche, Pathologie	Säuren, Laugen, halogenierte Lösemittel, sonstige Lösemittel, anorganische Laborchemikalien, einschließlich Diagnostikarestmengen, organische Laborchemikalien, einschließlich Diagnostikarestmengen, Fixierbäder, Entwicklerbäder, Desinfektions- und Reinigungsmittelkonzentrate, nicht restentleerte Druckgaspackungen, Formaldehydlösungen	Vorzugsweise getrennte Sammlung der Einzelfraktionen unter eigenem Abfallschlüssel; Sammlung und Lagerung in für den Transport zugelassenen verschlossenen Behältnissen. Lagerräume mit ausreichender Belüftung	Entsorgung als besonders überwachungsbedürftiger Abfall mit Entsorgungsnachweis

Abfallart	Anfallstellen	Bestandteile	Sammlung / Lagerung	Entsorgung
Sonstige Chemikalien	Diagnostische Apparate, Laborbereiche	Reinigungsmittel, Händedesinfektionsmittel, verbrauchter Atemkalk; Abfälle aus diagnostischen Apparaten mit geringer Chemikalienkonzentration	Gegebenenfalls getrennte Sammlung der Einzelfraktionen unter eigenem AS, Sammlung und Lagerung in für den Transport zugelassenen verschlossenen Behältnissen, Lagerräume mit ausreichender Belüftung	Entsprechend der Abfallzusammensetzung; überwachungsbedürftig bei Beseitigung
CMR-Arzneimittel nach TRGS 525; Abfälle, die aus Resten oder Fehlchargen dieser Arzneimit-	Bereich der Patientenversorgung mit Anwendung von Zytostatika und Virusstatika (zum Beispiel Onkologie), Apotheken, Arztpraxen, Laborbereich	Nicht vollständig entleerte Originalbehälter (zum Beispiel bei Therapieabbruch angefallene oder nicht bestimmungsgemäß angewandte Zytostatika), verfallene CMR-Arzneimittel in Originalpackungen, Reste an	In bauartgeprüften, stich- und bruchfesten Einwegbehältnissen; kein Umfüllen und Sortieren, kein Vorbehandeln; Transport und Lagerung fest verschlossen	Entsorgung als besonders überwachungsbedürftiger Abfall mit Entsorgungsnachweis in zugelassenen Abfallverbrennungsanlagen, zum Beispiel Sonderabfallverbrennung

Abfallart	Anfallstellen	Bestandteile	Sammlung / Lagerung	Entsorgung
tel beste-hen oder deutlich erkennbar mit CMR-Arzneimit-teln ver-unreinigt sind		Trockensubstan-zen und zerbro-chene Tabletten, Spritzenkörper und Infusionsflaschen/-beuteln mit deut-lich erkennbaren Flüssigkeitsspie-geln/ Restinhalten (>20 ml), Infusi-onssysteme und sonstiges mit Zytostatika konta-miniertes Material (>20ml), zum Beispiel Druckent-lastungs- und Überleitungssys-teme, durch Frei-setzung großer Flüssigkeitsmen-gen oder Feststof-fe bei der Zuberei-tung oder Anwen-dung von Zytosta-tika kontaminiertes Material (zum Beispiel Unterla-gen, persönliche Schutzausrüstung		(SAV); beson-ders überwa-chungsbedürftig

Abfallart	Anfallstellen	Bestandteile	Sammlung / Lagerung	Entsorgung
Altarznei-mittel, einschließ lich unver-brauchter Röntgen-kontrast-mittel	Kranken-häuser, Apotheken, Arztpraxen.	Altarzneimittel, Röntgenkontrast-mittel, Infusionslö-sungen	Getrennte Erfassung, zugriffsichere Sammlung, um miss-bräuchliche Verwendung auszuschlie-ßen	Vorzugweise Verbrennung in zugelassenen Abfallverbren-nungs-anlagen (Hausmüllver-brennung, Sonderabfall-verbrennung), überwachungs-bedürftig bei Beseitigung
Inhalte von Amalgam abschei-dern, Amalgam reste, extrahier-te Zähne mit Amal-gamfüllun gen	Zahnarzt-praxen, Zahnklini-ken	Amalgam (Queck-silber), extrahierte Zähne mit Amal-gamfüllung, Amal-gamabscheider-inhalte	Getrennte Sammlung, regelmäßige Entsorgung	Stoffliche Ver-wertung durch den Hersteller oder Vertreiber von Amalgam bzw. dem von diesen beauf-tragten Verwer-ter; besonders überwachungs-bedürftig

Abfallart	Anfallstellen	Bestandteile	Sammlung / Lagerung	Entsorgung
Verpackungsmaterial aller Art	Gesamter Klinikbereich	Verpackungen aus Papier, Pappe, Kunststoffe, Glas, Holz, Metall, Verbundmaterialien	Getrennte Sammlung der Einzelfraktionen unter eigenem AS, ebenso wie Verpackungen, die Rückstände gefährlicher Stoffe enthalten oder durch gefährliche Stoffe verunreinigt sind	Entsorgung über Rücknahmesysteme der Vertreiber (zum Beispiel DSD); Verwertung der nicht schädlich verunreinigten Fraktionen; verunreinigte Fraktionen als besonders überwachungsbedürftiger Abfall (büA) mit Entsorgungsnachweis

Zu den *innerbetrieblichen* Anforderungen an die Entsorgung der Gesundheitsbetriebe gehören nach der *RKI-Richtlinie* insbesondere

■ die getrennte Erfassung der Abfälle an der Anfallstelle,

■ das Sammeln und Transportieren zu zentralen innerbetrieblichen Sammelstellen (Lager- und Übergabestellen) sowie

■ gegebenenfalls die Vorbehandlung und das Bereitstellen für die Entsorgung.

Die lückenlose Erfassung aller anfallenden Abfälle ist dabei als Voraussetzung für ein ordnungsgemäßes Entsorgungssystem der Gesundheitsbetriebe anzusehen. Die Abfälle sollen am Anfallort in den jeweils vorgesehenen Behältnissen hygienisch einwandfrei (unter Vermeidung einer äußeren Kontamination) gesammelt und zum Transport bereitgestellt werden, wobei organische Abfälle in der Regel täglich von der Anfallstelle zu zentralen Sammelstellen zu transportieren sind. Die Sammelbehältnisse müssen nach den Anforderungen der Entsorgung (transportfest, feuchtigkeitsbeständig, fest verschließbar) ausgewählt und für jedermann erkennbar abfall- und gefahrstoffrechtlich gekennzeichnet sein. Die innerbetriebliche Behandlung (zum Beispiel das Desinfizieren, Zerkleinern oder Verdichten) von Abfällen darf je nach Abfallart beispielsweise nur in vom *RKI* zugelassenen Desinfektionsanlagen und   außerhalb der Patienten- und Versorgungsbereiche erfolgen, wobei der hygienebeauftragte Arzt oder der für die Hygiene Zuständige (zum Beispiel der Krankenhaushygieniker oder die Hygienefachkraft), der Betriebsbeauftragte für Abfall sowie die Sicherheitsfachkraft und der Betriebsarzt an der Planung und Inbetriebnahme von betriebsinternen Abfallbehandlungseinrichtungen zu beteiligen sind.

Die *außerbetrieblichen* Anforderungen beim Umgang mit den Abfällen außerhalb der Gesundheitsbetriebe erstrecken sich insbesondere auf die Anforderungen des Umweltschutzes, des Arbeitsschutzes, der Seuchenhygiene und der öffentlichen Sicherheit.

Die frühere *Richtlinie der Länderarbeitsgemeinschaft Abfall (LAGA) über die ordnungsgemäße Entsorgung von Abfällen aus Einrichtungen des Gesundheitsdienstes* sah eine Einteilung in Gruppen vor, deren Systematik ebenfalls noch häufig anzutreffen ist (siehe Tabelle 8.2).

Tabelle 8.2   Abfallentsorgung in Pflegeinrichtungen nach LAGA.
Quelle: nach *Darkow*.

LAGA-Gruppe	Abfallart	Entsorgung
A	Hausmüll und Hausmüll-ähnliche Abfälle, die nicht bei unmittelbaren pflegerischen Tätigkeiten anfallen, zum Beispiel: Zeitschriften /Papier, Verpackungsmaterialien, Glasabfälle, leere Konserven, Küchenabfälle	Dem Hausmüll entsprechende Abfälle, an deren Entsorgung aus infektionspräventiver und umwelthygienischer Sicht keine besonderen Anforderungen zu stellen sind. Nach den örtlichen Vorgaben müssen diese Abfälle sortiert und recycelt werden. Um einer Emission durch Schimmelsporen vorzubeugen ist beim Sammeln von Nassmüll (Essenreste, Schalen etc.) darauf zu achten, dass er nicht über einen Tag hinaus in den Bewohnerzimmern und den Küchenbereich verbleibt.
B	Mit Blut, Sekreten und Exkreten behaftete Abfälle, wie zum Beispiel: gebrauchte Inkontinenzmaterialien, Wundverbände, Einwegwäsche, Einwegartikel einschließlich Spritzen und Kanülen, benutzte Katheter	Kontaminierte Abfälle, bei deren Entsorgung aus infektionspräventiver Sicht innerhalb der Einrichtungen des Gesundheitsdienstes besondere Anforderungen zu stellen sind. Abfälle dieser Art dürfen nicht recycelt werden. Vorzugsweise werden kontaminierte Abfälle ohne Verletzungsgefahr in 10- oder 20-Liter-Plastikbeutel gesammelt, nach Gebrauch zugeknotet und in dem Container für Abfälle der Gruppe A entsorgt. Abfälle der Gruppe B mit Verletzungsgefahr wie benutzte Kanülen oder Einmalinstrumente bilden eine Sondergruppe. Zur Entsorgung solcher Gegenstände sind stichfeste Behälter zu verwenden.

LAGA-Gruppe	Abfallart	Entsorgung
C	Abfälle, an deren Entsorgung aus infektionspräventiver Sicht innerhalb und außerhalb der Einrichtung besondere Anforderungen zu stellen sind (sogenannte infektiöse, ansteckungsgefährliche oder stark ansteckungsgefährliche Abfälle), wie zum Beispiel: Abfälle, die aufgrund vom Infektionsschutzgesetz (IfSG) behandelt werden müssen. Dies ist gegeben, wenn die Abfälle mit Erregern meldepflichtiger übertragbarer Krankheiten behaftet sind und dadurch eine Verbreitung der Krankheit zu befürchten ist.	Infektiöse Abfälle, an deren Entsorgung aus infektionspräventiver Sicht innerhalb und außerhalb der Einrichtungen des Gesundheitsdienstes besondere Anforderungen zu stellen sind. Die Notwendigkeit zusätzlicher Anforderungen (zum Beispiel getrennte Sammlung, Desinfektion) ergibt sich aus der Art der Krankheitserreger (insbesondere ihrer Ansteckungsgefährlichkeit und Überlebensfähigkeit) und des Übertragungsweges, dem Ausmaß und der Art der Kontamination, und der Menge des Abfalls.

LAGA-Gruppe	Abfallart	Entsorgung
D	Abfälle, an deren Entsorgung aus umwelthygienischer Sicht innerhalb und außerhalb der Einrichtung besondere Anforderungen zu stellen sind, zum Beispiel: abgelaufene Arzneimittel, Desinfektionsmittel, Farb- oder Ölreste	Sonderabfälle, an deren Entsorgung aus umwelthygienischer Sicht innerhalb und außerhalb der Einrichtungen des Gesundheitsdienstes besondere Anforderungen zu stellen sind.
E	Medizinische Abfälle	Medizinische Abfälle, zum Beispiel Amputate, an deren Entsorgung nur aus ethischer Sicht besondere Anforderungen zu stellen sind. Fallen in Alten- und Pflegeheimen in der Regel nicht an.

Das *Alten- und Pflegeheim Anlagenring GmbH*, Frankfurt a. M., praktiziert aufgrund seines ökologischen Verständnisses Abfallvermeidung vor Abfallentsorgung. Dazu gehören beispielsweise die Bestellung bei Lieferanten, welche die Waren möglichst ohne umweltbelastende Umverpackungen liefern oder diese Verpackungen wieder mitnehmen, getrennte Abfallsammlung nach den Sorten Kunststoff, Papier, Glas, Restmüll und Küchenabfälle, die Nutzung einer eine Müllpresse zur Abfallkomprimierung zur optimalen Nutzung der Müllbehälterkapazität sowie die regelmäßige Information der Betriebsangehörigen und der neu eingezogenen Bewohner über das Verständnis zum Thema Abfall.

9   Selbstorganisation für Angehörige der Gesundheitsberufe

9.1   Selbstmanagement

Alltägliche Problemstellungen im Gesundheitsbetrieb, die in ihrer Summe zu Überlastungen der Mitarbeiter führen können, ergeben sich in der Regel durch Überschneidungen von Aufgaben. Es müssen oft viele Dinge gleichzeitig erledigt werden. Die Folge: Prioritäten werden, wenn überhaupt, falsch gesetzt, zweitrangige Aufgaben nicht delegiert, der Zahnarzt, Stationsarzt, Pflegeleiter oder eine andere Führungskraft zu sehr durch das Tagesgeschehen (fremd-)bestimmt und durch Nebensächlichkeiten abgelenkt.

Selbstmanagement ist die konsequente und zielorientierte Anwendung bewährter Arbeitstechniken in der täglichen Praxis, um sich selbst und die eigenen Arbeits- und Lebensbereiche zu führen und zu organisieren. Die Basis hierzu ist die Kenntnis darüber, wie und wofür im Tagesablauf die Zeit verwendet wird und die individuelle Veränderungsbereitschaft. Ohne diese Bereitschaft sind kaum eine Neuorientierung und eine erfolgreiche Anwendung von Selbstmanagement möglich.

Ein erstes Element des Selbstmanagements sind persönliche Zielsetzungen. Ziele dienen der Konzentration der Kräfte auf Schwerpunkte. Sie stellen eine Herausforderung dar, lösen Handlungen aus und dienen als Maßstab. Ohne Ziel ist jegliche Tätigkeit und jedes Arbeitsergebnis richtig, ohne Ziele nutzt auch die beste Arbeitsmethode nichts. Wichtig ist dabei die Definition von Zieldimensionen wie messbare Zielinhalte, das Zielausmaß (was minimal und was maximal erreicht werden soll) sowie die Zieldauer (bis wann das selbstgesteckte Ziel erreicht werden soll).

Der Prozess der Zielfindung ist dabei nicht immer ganz einfach. Wichtig ist es, sich Klarheit darüber zu verschaffen, was man denn tatsächlich erreichen will. Dazu dient eine Niederschrift aller persönlichen und beruflichen Ziele, um die notwendige Zielklarheit herzustellen.

Einen weiteren Beitrag dazu kann die Situationsanalyse leisten. Sie stellt eine Art Bestandsaufnahme dar und soll Aufschluss über Stärken und Schwächen geben. Persönliche Erfolge oder Misserfolge können in der Reflexion Klarheit darüber schaffen. Wichtig ist dabei, Schwächen zu erkennen und echte Stärken auszubauen.

In der Abweichungsanalyse werden die zur Zielerreichung notwendigen Mittel (persönliche, zeitliche, finanzielle Ressourcen) mit der Ist-Situation verglichen. Sie gibt somit Aufschluss darüber, ob Ziele realistisch sind oder aufgrund fehlender Möglichkeiten unrealistisch erscheinen.

Schließlich müssen im Rahmen der Zielformulierung Maßnahmen zur Zielerreichung abgeleitet werden. Das Ergebnis ist ein persönlicher und beruflicher Zielplan.

Ein weiteres Element des Selbstmanagement ist die persönliche Planung. Planung ist ein zielgerichteter, systematischer Vorgang, in dessen Verlauf Zufall und Intuition annähernd ausgeschaltet werden. Persönliche Planung erfordert ein schrittweises Vorgehen, um die verschiedenen Aktivitäten auf einzelne Zeitabschnitte verteilen zu können.

Im Rahmen der Aktivitätenplanung lässt sich ausgehend von den Zielen ein persönlicher Aktivitätenplan (tage-, wochen-, monatsweise) aufstellen: Was muss alles getan werden, wie groß ist der geschätzte Zeitbedarf je Aufgabe, wann muss die Aufgabe erledigt sein?

Die Zeitplanung umfasst die Verteilung der einzelnen Aufgaben nach Prioritäten. Dabei sind Soll-Zeiten tatsächlichen, aus der Erfahrung gewonnenen Ist-Werten gegenüberzustellen, denn die Genauigkeit der Planung hängt davon ab, wie realistisch die Zeitbedarfe prognostiziert werden. Wichtig dabei ist, nur einen bestimmten Teil der Arbeitszeit fest zu verplanen (60 Prozent). Der Rest ist als Pufferzeit für unerwartete Besuche, Telefonate, kritische Situationen etc. freizuhalten.

Das wesentliche Problem bei Entscheidungen ist der ständige Versuch, zuviel auf einmal machen zu wollen und die Gefahr, sich in einzelnen

Aufgaben zu verzetteln. Das Ergebnis sind oft lange Arbeitstage, an denen dennoch viele Dinge liegen bleiben und nicht fertiggestellt werden.

Abhilfe schafft die Aufgabenkonzentration, denn sowohl viele Dinge als auch ganz verschiedene Tätigkeiten lassen sich erledigen, indem man sich während einer bestimmten Zeit nur einer einzigen Aufgabe widmet. Das kann bedeuten, immer nur eine Sache auf einmal zu erledigen, diese jedoch konsequent und zielbewusst.

Eine weitere Möglichkeit ist die Priorisierung. Es handelt sich dabei um die Festlegung, welche Aufgaben erstrangig, zweitrangig etc. und welche nachrangig zu behandeln sind.

Schließlich erreicht man eine Aufgabenentlastung auch durch Entscheidungsfragen. Sie stellen Aufgaben infrage:

- *Eliminieren*: Warum überhaupt ?

- *Delegieren*: Warum ich ?

- *Terminieren*: Warum jetzt ?

- *Rationalisieren*: Warum in dieser Form?

Um sich im Tagesablauf nicht allzu sehr fremdbestimmt treiben zu lassen, lassen sich Regeln festlegen:

- mit der wichtigsten Tagesaufgabe beginnen,

- Tagespost später lesen, da Dinge enthalten sein können, die oft sofort erledigt werden,

- Handlungen mit Rückwirkungen vermeiden,

- gute Arbeitsvorbereitung,

- Probleme direkt angehen,

- Ausrichtung und Beachtung von Fixterminen,

- regelmäßige, kurze Entspannungspausen einlegen,

- angefangene Dinge sinnvoll abschließen,

- nachmittags Routinearbeiten erledigen.

Die Bildung von Aufgabenblöcken dient ebenfalls der Strukturierung des Tagesablaufs. So lassen sich dringende Aufgaben zum Block Soforterledigung zusammenfassen, Einzelerledigung abstellen sowie Routinetätigkeiten und Kleinkram zu eigenen Aufgabenblöcken zusammenfassen.

Der Tagesablauf wird ferner durch den *persönlichen* Arbeitsstil bestimmt. Er lässt sich durch Folgendes optimieren:

■ individuelle Leistungskurve berücksichtigen,

■ Vorgänge nur einmal in die Hand nehmen und erst weglegen, wenn Aktivitäten eingeleitet sind,

■ auf den jeweiligen Vorgang konzentrieren und diesen erledigen, bevor der neue begonnen wird,

■ mit wichtigen und unangenehmen Dingen anfangen und nur wirklich wichtige Dinge sofort erledigen,

■ am Abend den nächsten Tag planen.

Kontrollen dienen der Verbesserung des Selbstmanagement-Prozesses durch einen Soll-Ist-Vergleich.

Das ist zum einen die Selbstkontrolle, die zur Kontrolle und Reflexion des Tagesablaufs beiträgt: Wie war der Tagesablauf, wurden die im Rahmen des Selbstmanagement aufgestellten Regeln eingehalten etc.?

Bei der Zeitplan- und Erledigungskontrolle geht es um die Erledigung vorgenommener Ziele und Aufgaben. Wichtig ist dabei die Überprüfung, ob auch Ergebnisse erzielt wurden. Sind nach wie vor Dinge unerledigt geblieben, gilt es Ursachenforschung zu betreiben. Auch sollte geprüft werden, ob Zeit verschwendet wurde. Es gilt dann anschließend die Gründe hierfür zu ermitteln und Schlussfolgerungen daraus zu ziehen.

Schließlich ist der Versuch lohnenswert, im Rahmen der Störkontrolle unnötige Zeitfresser aufzuspüren. In diesem Zusammenhang lässt sich beispielsweise hinterfragen, welche Telefonate zu langatmig geführt wurden, welche Besprechungen zu lange dauerten oder welche unangenehmen Unterbrechungen es gab.

Information und Kommunikation sind die Schlüsselfunktionen jedes Führungs- und (Selbst-) Managementprozesses, mit einer möglichst effizienten Bewältigung von Informations- und Kommunikationsvorgängen und -aufgaben.

Dabei geht es zum einen um eine möglichst rationelle Information. Dazu trägt effizientes Lesen bei, das Verzichten auf unnötige Lektüre, die Entscheidung, nach Durchsicht des Inhaltsverzeichnisses ein Buch/eine Zeitschrift nicht zu lesen oder nur auch nur jeweils Zusammenfassungen zu lesen. Gedächtnis und Konzentration spielen dabei ebenfalls eine wichtige Rolle. Hierbei können Konzentrationsübungen und gezieltes Training des Ultrakurz-, Kurz- und Langzeitgedächtnisses hilfreich sein. Im Bereich der Lerntechniken ist darauf zu achten, dass die verschiedenen Eingangskanäle (Hören, Lesen, Aufschreiben, selber nachmachen etc.) möglichst optimal berücksichtigt werden und dass eine bestmögliche Lernsituation (Ruhe, Musik, Tageszeit etc.) geschaffen wird.

Zu einer möglichst effizienten Kommunikation zählt zunächst die Begrenzung von Besprechungen. Hierbei sind Alternativen zur Besprechung zu prüfen, die Besprechung ist inhaltlich vorzubereiten, Ziele sind festzulegen, die Teilnehmerzahl sollte möglichst gering gehalten werden und eine zeitliche Begrenzung ist festzulegen. Mithilfe eines effizienten Besuchsmanagements werden nur begründete Besuche empfangen, es wird die Priorität des jeweiligen Besuches festgelegt und gegebenenfalls wird auch mal ein „Stehempfang" abgehalten.

Effizientes Telefonieren bedeutet eine Vorbereitung des Telefonats, die Straffung der Begrüßungsphase, Telefonate zu bündeln und auch den „Mut", Gespräche zu beenden.

Zu einer möglichst rationellen Korrespondenz tragen die Verwendung von Textverarbeitungssystemen, die Verwendung von Diktiergeräten und auch die Bündelung von Korrespondenzaufgaben bei.

9.2   Persönliche Zeitplanung

Im Rahmen der persönlichen Zeitplanung wird Zeit als ein Gut betrachtet, mit dem es zu wirtschaften gilt. Zeitphänomene, individuelle Formen des Zeitempfindens und die differenzierte Betrachtung von Zeittheorien stehen dabei nicht im Vordergrund. Ziel sollte es vielmehr sein, geeignete Methoden und Verfahren im erfolgreichen Umgang mit der zur Verfügung stehenden Zeit anzuwenden.

Ein erstes Element der persönlichen Zeitplanung ist zunächst die Erfassung von **Aktivitäten**:

■ Notwendige Routineaufgaben für die Planungsperiode,

■ Unerledigtes vom Vortage,

■ neu hinzukommende Tagesarbeiten,

■ Termine, die wahrzunehmen sind,

■ Telefonate, Korrespondenzen, die zu erledigen sind,

■ periodisch wiederkehrende Aufgaben,

■ Einschätzung der Länge der Aktivitäten.

Der Zeitbedarf kann hinter jeder Aktivität notiert werden. Wichtig ist, dass die geplante Gesamtzeit nicht überschätzt wird. Deshalb sind Pufferzeiten zu reservieren und nur ein Teil der Arbeitszeit zu verplanen:

■ 60 Prozent für geplante Aktivitäten (Tagesplan),

■ 20 Prozent für unerwartete Aktivitäten (Störungen, Unvorhergesehenes),

■ 20 Prozent für spontane/soziale Aktivitäten (kreative Zeit, persönliche Kommunikation).

■ In diesem Zusammenhang sind Entscheidungen zu treffen:

    – Prioritäten setzen,

    – Kürzungen vornehmen,

    – Aufgaben delegieren.

Die Prioritätensetzung bietet bei der Zeitplanung die Vorteile der Wichtigkeit, Dringlichkeit, Konzentration, Zeitersparnis und Zielerreichung, die allesamt Berücksichtigung finden.

Ein erstes Prinzip zur Prioritätensetzung ist das Pareto-Prinzip (auch 80:20-Regel) nach *V. Pareto* (1848-1923). Es beinhaltet die Konzentration auf wenige, wichtige Aktivitäten, statt die Zeit mit vielen, nebensächlichen Problemen zu verbringen. Dabei geht das Pareto-Prinzip von der allgemeinen Erkenntnis aus, dass häufig bereits 20 Prozent der richtig eingesetzten Zeit und Energie 80 Prozent des gewünschten Ergebnisses erbringen und ein wesentlich größerer, weiterer Aufwand erforderlich wäre, um ein oft nur ohnehin theoretisch mögliches hundertprozentiges Ergebnis zu erzielen (siehe **Abbildung 9.1**).

Abbildung 9.1   Skizzierung des Pareto-Prinzips.

Gewünschtes Ergebnis

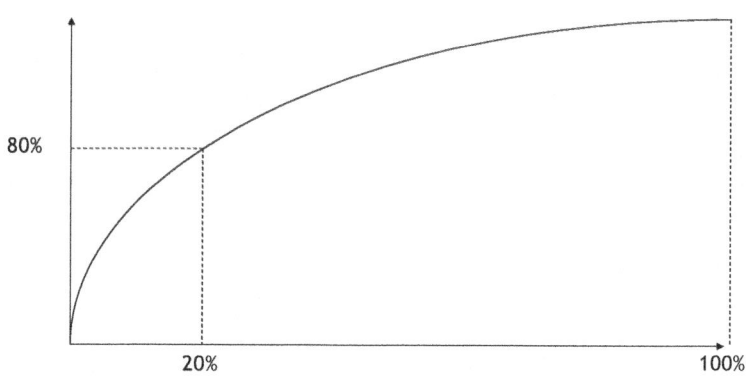

Aufwand

Das *Krankenhaus der Barmherzige Brüder*, Regensburg, setzte beispielsweise das Pareto-Prinzip bei der Neuplanung einer interdisziplinären Aufnahmestation ein. Nach Angaben von *K. Muehlenberg* wurde nach der Definition der Prozessverantwortung und Handlungskompetenz, der Beschreibung der Prozesse, statistischer Erhebungen und Filtrierung der Kernaufgaben nach dem Pareto-Prinzip mit der Umsetzung, der Planung einer zentralen Aufnahmestation als eigenständige interdisziplinäre Abteilung mit der Aufgabe einer zentralen Aufnahme stationärer und ambulanter, geplanter und nicht geplanter (Notfall-) Patienten begonnen.

Ein weiteres Prinzip zur Prioritätensetzung ist die ABC-Analyse, die bei der Zeitplanung als Wertanalyse der Zeitverwendung und zur Einteilung in Aufgabenklassen eingesetzt wird:

- *A-Aufgaben*: Wichtigste Aufgaben; können von der betreffenden Person nur allein durchgeführt werden; sind für die Funktionserfüllung von größtem Wert.

- *B-Aufgaben*: durchschnittlich wichtige Aufgaben; delegierbar.

- *C-Aufgaben*: Aufgaben mit geringstem Wert, jedoch mit dem größten Anteil an der Menge der Arbeit.

Das Eisenhower-Prinzip nach *D. Eisenhower* (1890-1969), beinhaltet eine Prioritätensetzung nach Dringlichkeit und Wichtigkeit der Aufgabe (siehe Abbildung 9.2):

- Aufgaben von hoher Wichtigkeit, die noch nicht dringlich sind, können warten.

- Aufgaben ohne hohe Wichtigkeit, die dringend sind, können delegiert werden.

- Aufgaben, die sowohl dringend als auch wichtig sind, müssen persönlich sofort erledigt werden.

- Auf Aufgaben mit geringer Wichtigkeit und geringer Dringlichkeit kann verzichtet werden.

Abbildung 9.2   Selbstorganisation der Aufgabenwahrnehmung nach
                     dem *Eisenhower*-Prinzip.

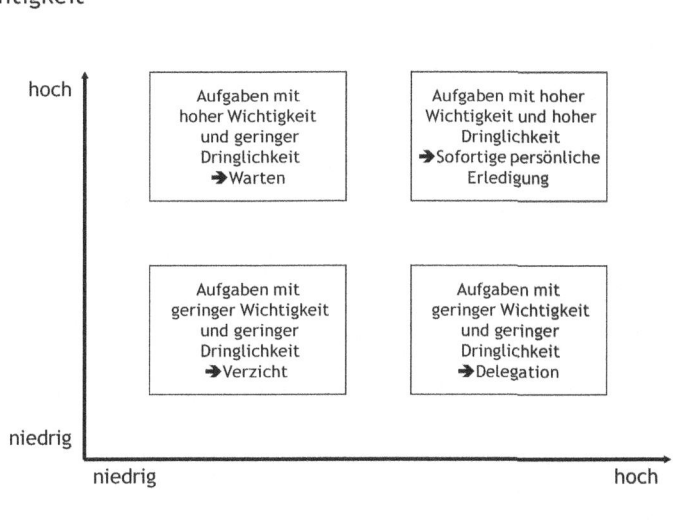

Wichtigkeit

In der Zeitplanung ist auch die persönliche Leistungskurve zu berücksichtigen. Hierzu ist eine Anlehnung an die REFA-Normkurve der durchschnittlichen, täglichen Leistungsbereitschaft und ihrer Schwankungsbreite möglich. Sie besagt, dass am Vormittag der Leistungshöhepunkt liegt und dieses Niveau während des gesamten Tages nicht mehr erreicht wird: Am Nachmittag liegt bekanntermaßen ein Leistungstief nach dem Essen und auf das Zwischenhoch am frühen Abend folgt ein kontinuierlicher Abfall der Leistungskurve, um nach Mitternacht ihren absoluten Tiefpunkt zu erreichen.

Unabhängig von dieser Normkurve gilt es, den persönlichen Tagesrhythmus herauszufinden und den Tagesablauf danach einzustellen:

- ▉ Leistungshoch: A-Aufgaben

- ▉ Leistungstief: C-Aufgaben

- ▉ Zwischenhoch: B-Aufgaben

Bei den Ruhezeiten ist anzumerken, dass Pausen keine Zeitverschwendung darstellen, sondern erholsames Auftanken von Energie. Deshalb sollte Folgendes beachtet werden:

- ▉ Kurze, aber regelmäßige Pausen im Tagesablauf vorsehen,

- ▉ bester Erholungswert nach etwa einer Stunde Arbeitszeit,

- ▉ Pausendauer zehn Minuten, da der optimale Effekt in den ersten zehn Minuten eintritt und danach absinkt,

- ▉ Steigerung des Regenerationseffektes durch Entspannung, Bewegung, Sauerstoffzufuhr.

Daneben ist es wichtig, persönliche Sperrzeiten einzurichten. Die permanente offene Tür wird zwar von den Mitarbeitern sehr geschätzt, erweist sich für den Betroffenen aber als Bärendienst. Auch gilt es den Sägezahneffekt zu vermeiden: Auch bei noch so kurzen Ablenkungen von der Aufgabe bedarf es zur erneuten Weiterarbeit an der gleichen Stelle zusätzliche Anlaufs- und Einarbeitungszeit. Auch sollte die wichtige Arbeit nicht erst nach offiziellem „Dienstschluss" erledigt werden. Die persönlichen Sperrzeiten sind zweckmäßiger Weise bereits bei der Planung des Tagesablaufs zu berücksichtigen.

Die Delegation ist eine Schlüsseltätigkeit jeder Führungskraft und eine Möglichkeit, knappe Arbeitszeit einzusparen. Ihre Vorteile liegen in der Entlastung der Führungskraft, dem Gewinn zusätzlicher Zeit für wichtige Aufgaben, der verstärkten Nutzung der Fachkenntnisse und Erfahrungen der Mitarbeiter. Die Delegation von Aufgaben auf diese Mitarbeiter bewirkt, das die Entwicklung von Eigeninitiative und Selbstständigkeit gefördert wird. All dies fördert die Kompetenz und hat positive Auswirkungen auf die Leistungsmotivation und die Arbeitszufriedenheit der Mitarbeiter.

Auf folgende Delegationsregeln ist zweckmäßigerweise zu achten:

- *Inhalt*: Was soll getan werden?

- *Person*: Wer soll es tun?

- *Motivation, Ziel*: Warum soll eine bestimmte Person es tun?

- *Umfang, Details*: Wie soll sie es tun?

- *Termine*: Bis wann soll die Aufgabe erledigt sein?

„**Management by delegation**" bedeutet in der Praxis – im Grunde genommen bei jeder Aufgabe – zu entscheiden, ob sie nicht ebenso gut oder besser von anderen erledigt werden kann. Auch mittel- und langfristige Aufgaben, die die Mitarbeiter motivieren und fachlich fördern, lassen sich delegieren. Gerade wenn jedoch täglich so oft und soviel wie möglich delegiert wird, vorausgesetzt, die Mitarbeiterkapazität lässt dies zu, ist eine Überwachung der Ergebnisse, Aufgaben und Termine erforderlich.

Persönliches Zeitmanagement erfordert Selbstdisziplin und konsequentes Handeln. Dazu gehört Folgendes:

- Sich angewöhnen, den kommenden Arbeitstag am Ende des aktuellen Arbeitstages zu planen,

- in der Startphase Planungen, Aktivitäten und Zeitbedarfe schriftlich festhalten,

- Zeitplanung vollständig durchführen,

- Ablenkungen durch Nebensächlichkeiten vermeiden,

- Ruhezeiten nehmen und einhalten,

- das Aufschieben von wichtigen, aber unangenehmen Aufgaben unterlassen.

Unerledigtes erzeugt oft ein schlechtes Gewissen und Stress, den es durch persönliche Zeitplanung zu vermeiden gilt.

Glossar

ABC-Analyse
Verfahren zur Analyse von Objekten, um knappe finanzielle oder personelle Ressourcen des Gesundheitsbetriebs auf die Objekte zu konzentrieren, die den höchsten Erfolgsbeitrag erwarten lassen.

Ablaufdiagramm
Stellt eine Kombination zwischen tabellarischer und symbolischer Darstellungstechnik dar und eignet sich allerdings auch nur für die Abbildung linearer Abläufe.

Ablauforganisation
Strukturiert die Arbeitsprozesse im Gesundheitsbetrieb und beantwortet somit die Frage, wer was, wann, wie und wo macht, wobei sie die komplexen Handlungen in einem Gesundheitsbetrieb zu beherrschen versucht. Berücksichtigt werden Zeit, Raum, Sachmittel und Mitarbeiter. Häufig werden durch Standardisierung von Abläufen Ziele, wie beispielsweise eine optimale Kapazitätsauslastung, Qualitätssteigerung, Durchlauf- und Wartezeitenverringerung, Kostenreduzierung sowie eine Verbesserung der Arbeitsergonomie und Termintreue verfolgt.

Abteilung
Umfasst in der Regel mehrere Gruppen, die aufgrund einer aufgabenorientierten, personenorientierten oder sachmittelorientierten Zuordnung zu einer Organisationseinheit auf einer höheren Hierarchieebene zusammengefasst werden, wobei sich ihre Leitungsspanne in der Regel auf 40 Mitarbeiter und mehr erstreckt.

Ambulatorium
Kleinere Poliklinik, die als im Beitrittsgebiet bestehende ärztlich geleitete kommunale, staatliche und freigemeinnützige Gesundheitseinrichtung der ehemaligen *DDR* im *Sozialgesetzbuch (SGB)* berücksichtigt wurde.

Amortisationsrechnung
Beantwortet die zentrale Frage, wie lange beispielsweise die Wiedergewinnung der Investitionssumme aus den Einnahmeüberschüssen einer Investition dauert.

Analyseverfahren
Versuchen organisatorische Schwachstellen im Gesundheitsbetrieb zu entdecken und Möglichkeiten zu deren Behebung aufzuzeigen.

Anstalt
Öffentlicher Gesundheitsbetrieb mit eigener Rechtspersönlichkeit, der aufgrund eines Gesetzes errichtet wird, eine bestimmte öffentliche Aufgabe im Gesundheitswesen erfüllt und dessen genaues Tätigkeitsgebiet in seiner Satzung festgelegt wird.

Arbeitszeit
Umfasst nach *REFA* die Zeitspanne vom Beginn bis zum Ende eines Vorganges ohne Liege- und Transportzeiten.

Aufbauorganisation
Ihre Aufgabe ist es, durch sinnvolle arbeitsteilige Gliederung und Ordnung der Prozesse im Gesundheitsbetrieb festzulegen, welche Aufgaben von welchen Mitarbeitern und mit welchen Sachmitteln bewältigt werden, wobei sie die Verteilung der Aufgaben in der Regel mithilfe eines hierarchischen Gefüges erreicht.

Aufgabenanalyse
Schrittweise Zerlegung oder Aufspaltung der Gesamtaufgabe des Gesundheitsbetriebs in ihre einzelnen Bestandteile anhand von alternativen Gliederungsmerkmalen wie Verrichtung, Objekt, Rang, Phase, Zweckbeziehung.

Ausführungsstelle
Stelle ohne Leitungsbefugnis.

Behandlungsorganisation
Hat einen möglichst ökonomischen Umgang mit der Behandlungszeit und der Straffung der Behandlung durch gezielte Vorbereitungsmaßnahmen zum Ziel.

Behandlungspfade
Werden von allen Disziplinen bei der Versorgung eines Patienten mit einer bestimmten Diagnose oder Behandlung durchgeführt, basieren in der Regel auf klinischen Leitlinien und Algorithmen und stellen ein Instrument dar, die Koordination aller Fachgebiete, die mit der Behandlung des Patienten betraut sind, möglichst optimal zu gestalten.

Blockschaltbild
Matrix in der Tätigkeiten, Stellen und Aufgaben miteinander verknüpft werden, wobei im jeweiligen Schnittpunkt von Zeilen und Spalten beispielsweise Aufgaben, Eingabedaten, Ergebnisdaten oder Datenträger genannt werden können.

Brainstorming
Dient zur Ideenfindung und beruht auf der Schaffung einer kreativen Situation, bei der möglichst viele Ideen in kürzester

Zeit durch möglichst freies Assoziieren und Phantasieren entwickelt werden sollen.

Business Process Reengineering
Bedeutet eine grundlegende, radikale Neugestaltung und Flexibilisierung aller im Gesundheitsbetrieb ablaufenden Prozesse durch grundlegendes Überdenken des Gesundheitsbetriebs und seiner gesamten Prozessorganisation, um seine Kostensituation und Handlungsgeschwindigkeit zu verbessern.

Change Management
Dauerhafte Integration der Organisation von Veränderungen im Gesundheitsbetrieb, worunter die Institutionalisierung der Organisationsentwicklung zu verstehen ist. Es fallen somit alle Aufgaben, Maßnahmen und Tätigkeiten darunter, die eine umfassende, bereichsübergreifende und inhaltlich weitreichende Veränderung zur Umsetzung von neuen Strukturen, Strategien, Systemen, Prozessen oder Verhaltensweisen in einer Organisation bewirken sollen.

Checklistentechnik
Relativ einfaches Analyseverfahren zum Auffinden von Schwachstellen im Gesundheitsbetrieb durch Zusammenstellung logisch abgeleiteter und aus der Erfahrung gewonnener Fragen.

Dezentralisation
Verteilung gleichartiger Aufgaben auf mehrere Stellen.

Dokumentenanalyse
Dient zur Erhebung bereits dokumentierter Daten, wobei die schriftlichen Informationsquellen sämtliche Arten von Unterlagen sein können.

Durchlaufzeit
Nach *REFA* die Differenz zwischen End- und Starttermin eines Vorganges und somit die Summe aus Arbeitszeit, Liege- und Transportzeit je Vorgang.

Eigenbetrieb
Gesundheitsbetrieb ohne eigene Rechtspersönlichkeit. Eine organisatorisch und finanzwirtschaftlich, aber nicht rechtlich selbstständige Form auf der Grundlage der Gemeinde- bzw. der Kreisordnungen der Bundesländer.

Eisenhower-Prinzip
Prioritätensetzung nach Dringlichkeit und Wichtigkeit der Aufgabe.

Erhebungsinstrumente
Methoden zur Ermittlung des aktuellen Zustandes (Ist-Zustand)

der Aufbau- und Ablauforganisation des Gesundheitsbetriebs,
die insbesondere zur Informationsbeschaffung für die Problemlösung dienen.

Evidenzmedizin
Hat bei jeder medizinischen Behandlung deren empirisch nachgewiesene Wirksamkeit aus
möglichst vielen randomisierten,
kontrollierten Studien oder zumindest klinischen Berichten
zum Ziel.

Flussdiagramm
Ist an die Symbolik eines Datenflussplanes nach DIN 66001
angelehnt und bietet den Vorteil,
auch Alternativen, Schleifen und
Parallelbearbeitungen gut darstellen zu können.

Fragebogenerhebung
Gilt als weniger aufwändig als
das Interview und eignet sich
daher, um für statistisch zuverlässige Aussagen eine größere
Anzahl von Mitarbeitern zu
befragen.

Funktionendiagramm
Verknüpft die Aufgaben und
Befugnisse des Gesundheitsbetriebs mit seinen Stellen in Form
eines matrizenmäßigen Auswei-
ses von Aufgaben und Befugnissen von Stellen, bei dem übli-

cherweise in den Spalten die
Stellen und in den Zeilen die
Aufgaben sowie im Schnittpunkt
zwischen Spalten und Zeilen
mithilfe eines Symbols die Art
der Aufgaben und/oder Befugnisse dargestellt werden.

Gemeinschaftspraxis
Normalfall der Zusammenarbeit
zwischen niedergelassenen Ärzten, bei der die Patienten gemeinsam behandelt und auch
Geräte und Personal gemeinsam
eingesetzt werden.

Gesundheitsbetrieb
In sich geschlossene Leistungseinheit zur Erstellung von Be-
handlungs- oder Pflegeleistungen an Patienten oder Pflegebedürftigen, die dazu eine Kombination von Behandlungseinrichtungen, medizinischen Produkten und Arbeitskräften einsetzt,
wobei auch Betriebsmittel, Stoffe
und sonstige Ressourcen zum
Einsatz gelangen können, die
nur mittelbar zur Erstellung der
Behandlungs- oder Pflegeleistungen beitragen.

Gesundheitsbetriebslehre
Vergleichbar mit der Industriebetriebslehre, Handelsbetriebslehre oder Bankbetriebslehre: Sie
befasst sich mit einer speziellen
Betriebsart, den Gesundheitsbe-

trieben und geht davon aus, dass die Ressourcen für einen Gesundheitsbetrieb begrenzt sind und daher einen ökonomischen Umgang mit den knappen Mitteln erfordern.

Gruppe
Besteht aus einer Anzahl von Mitarbeitern (in der Regel vier bis sieben), die eine gemeinsame Aufgabe funktions- und arbeitsteilig durchführen Sie ist häufig durch ein erhöhtes Maß an Koordination und Selbstbestimmung gekennzeichnet und stellt eine Hierarchieebene zwischen der Stelle und der Abteilung dar.

Hygieneplan
Ist nach *IfSG* und nach *TRBA 250* letztendlich für das gesamte Gesundheitswesen vorgeschrieben und enthält Angaben zum Objekt, Art, Mittel, Zeitpunkt und Verantwortlichkeit über einzelne Hygienemaßnahmen im Gesundheitsbetrieb.

Instanz
Stelle mit Leitungsaufgaben.

Interviewtechnik
Die am häufigsten eingesetzte Ist-Aufnahmemethode, die eine persönliche Befragung durch einen Interviewer darstellt und sich einsetzen lässt, um Arbeits-

abläufe, Datenflüsse oder komplexe Sachverhalte im Gesundheitsbetrieb zu erheben.

KAIZEN
Populäre Methode der Organisationsverschlankung, die nach *Imai* (1986) als eine patientenorientierte Verbesserungsstrategie, die im Bewusstsein der Mitarbeiter verankert sein soll, beschrieben werden kann.

Kapazitätsangebot
Gibt beispielsweise an, welche Leistung an einem Behandlungsplatz in einem bestimmten Zeitraum erbracht werden kann. Es wird bestimmt durch Arbeitsbeginn, Arbeitsende, Pausendauer, Nutzungsgrad der Kapazität (beispielsweise 80 Prozent der theoretisch nutzbaren Zeit, 20 Prozent entfallen auf Rüstzeiten, Verteilzeiten etc.) und Anzahl der Einzelkapazitäten (beispielsweise Anzahl der Geräte für Computertomographie, Magnetresonanztomographie, Ultraschalldiagnostik oder Radiographie).

Kapazitätsbedarf
Gibt an, welche Leistung die einzelnen Behandlungsmaßnahmen an einem Behandlungsplatz benötigen.

Kernprozesse
Liefern einen wesentlichen Beitrag zum Erfolg des Betriebs, entfalten eine starke Außenwirkung und bieten das größte Potenzial für eine Prozessoptimierung durch Verbesserung der Leistungserstellung und damit des Patientenservices, der Produktivität und durch Senkung der Kosten.

Klinik
Keine eigenständige, öffentliche Rechtsform, sondern eine Organisationsform der medizinischen Zusammenarbeit, insbesondere bei der Poliklinik, die Zusammenfassung verschiedener Fachärzte in einer Einrichtung.

Klinische Leitlinien
Systematisch entwickelte Feststellungen, die die diagnostischen und therapeutischen Entscheidungen über eine angemessene Versorgung für spezifische klinische Umstände unterstützen sollen und dazu in definierten Situationen einen Handlungsspielraum vorgeben.

Klinischer Algorithmus
Dient beispielsweise zur Darstellung klinischer Leitlinien und gibt schrittweise und mithilfe logischer Bedingungen das klinische Problem in einem grafischen Format wieder.

Körperschaft
Gesundheitsbetrieb, der über eine eigene Rechtspersönlichkeit verfügt, mitgliedschaftlich organisiert ist und unabhängig vom Wechsel seiner Mitglieder besteht, wobei die Körperschaft hauptsächlich dann angewendet wird, wenn ursprünglich staatliche Aufgaben von den Betroffenen eigenverantwortlich geregelt werden sollen, sodass diese organisatorisch aus der staatlichen Verwaltungshierarchie ausgegliedert und mit der Körperschaft einer rechtsfähigen Organisation übertragen werden.

Kostenvergleichsrechnung
Vergleich der in einer Periode anfallenden Kosten von Investitionsobjekten in einem Gesundheitsbetrieb.

Lean Management
Führung des Gesundheitsbetriebs nach einem schlanken Organisationskonzept, das auf den Abbau unnötiger Kostenbereiche ausgerichtet und durch flache Hierarchien, die Vermeidung von Verschwendung und der Konzentration auf die wertschöpfenden Tätigkeiten gekennzeichnet ist.

Leitungsspanne
Beschreibt die Anzahl der optimal betreubaren direkten Untergebenen, da jeder Vorgesetzte nur eine begrenzte Zahl bestmöglich betreuen kann, wobei ihre Größe von verschiedenen Merkmalen abhängig ist: Komplexität der Aufgaben, Qualifikation der Mitarbeiter, Umfang und Art des Sachmitteleinsatzes, aber auch etwa die Art des angewendeten Führungsstils.

Linienorganisation
Klassische Organisationsform des Gesundheitsbetriebs, die sich durch klare Zuständigkeitsabgrenzung und einen einheitlichen Instanzenweg auszeichnet und daher sehr übersichtlich ist, wobei ihre Nachteile in einer gewissen Schwerfälligkeit und einer Überlastung der Führungskräfte liegen.

Listen
Mit ihnen lassen sich vorzugsweise lineare Abläufe darstellen, die keine Alternativbearbeitung, Schleifenbearbeitungen oder Parallelbearbeitungen aufweisen.

Medizinisches Versorgungszentrum (MVZ)
Zusammenschluss von zur kassenärztlichen Versorgung zugelassener Ärzte und andere Leistungserbringer im Gesundheitswesen, um gesetzlich und privat versicherte Patienten zu behandeln.

Morphologische Analysetechnik
Verfahren zur Generierung von Problemlösungsalternativen, wobei es dabei insbesondere um eine möglichst *vollständige* Erfassung der Problemlösungsalternativen für eine bestimmte organisatorische Problemstellung des Gesundheitsbetriebs geht. Es werden Lösungsmerkmale und ihre möglichen Ausprägungen in einer Matrix gegenübergestellt, sodass man durch die Kombination aller Merkmale mit allen Ausprägungen eine maximale Anzahl von Möglichkeiten erhält, mit denen Lösungsideen entwickelt werden können.

Multimomentverfahren
Stichprobenverfahren, bei dem aus einer Vielzahl von Augenblickbeobachtungen statistisch gesicherte Mengen- oder Zeitangaben abgeleitet werden können.

Multiprojektorganisation
Übergreifende Priorisierung, Koordinierung und Steuerung aller Projekte, die in erster Linie eine bessere Nutzung knapper Ressourcen für die Projektarbeit im

Gesundheitsbetrieb, die Konzentration der verfügbaren Mittel, einheitliche Projektmethoden, -verfahren und -abläufe sowie ein besseres Erkennen der Grenzen des Machbaren zum Ziel hat.

Netzplantechnik

Umfasst unter Berücksichtigung von Aufgaben, Zeiten, Kosten, Ressourcen etc. grafische oder tabellarische Verfahren zur Analyse von Abläufen und deren Abhängigkeiten auf der Grundlage der Graphentheorie, wobei mithilfe von Netzplänen sich die logischen Beziehungen zwischen den Vorgängen und ihre zeitliche Lage darstellen lassen, wodurch Dauer, zeitliche Risiken, kritische Aktivitäten und Maßnahmenauswirkungen von Abläufen im Gesundheitsbetrieb ermittelt werden können.

Nutzwertanalyse

Instrument zur quantitativen Bewertung von Entscheidungsalternativen im Gesundheitsbetrieb.

Organisation

Beschreibt je nach Sichtweise in einem Gesundheitsbetrieb

■ die Tätigkeit des Gestaltens von Behandlungs- und Pflegeabläufen und des Verteilens von Arbeit auf Mitarbeiter,

■ eine (hierarchische) Struktur für die arbeitsteilige Zusammenarbeit,

■ ein System von Regelungen zur Verteilung von Aufgaben und Kompetenzen und zur Gestaltung von Behandlungs- und Pflegeabläufen.

Organisationsentwicklung

Versucht, gemeinsam mit den Mitarbeitern Ursachen vorhandener Schwierigkeiten zu erforschen und neue, bessere Formen der Zusammenarbeit zu entwickeln, wobei sie sich sozialwissenschaftlicher Verfahren sowie Methoden der Kommunikation, der Arbeitsorganisation und des teamorientiertes On-the-job-Trainings bedient, mit deren Hilfe die Zusammenarbeit optimiert und Problemlösungen gefunden werden sollen.

Organisationsplan

Grafische Darstellung der Aufbauorganisation des Gesundheitsbetriebs, der das Verteilungssystem der Aufgaben und die Zuordnung von Teilaufgaben auf die einzelnen Stellen im Gesundheitsbetrieb, die Stellengliederung, die mögliche Zusammenfassung von Stellen, die hierarchische Ordnung sowie das System der (Informations-) Wege veranschaulicht.

Organisationsprinzipien

Beschreiben, wie die Organisation des Gesundheitsbetriebs beschaffen und nach welchen Grundsätzen sie ausgerichtet sein muss.

Pareto-Prinzip

Beinhaltet die Konzentration auf wenige, wichtige Aktivitäten, statt die Zeit mit vielen, nebensächlichen Problemen zu verbringen, wobei das Pareto-Prinzip von der allgemeinen Erkenntnis ausgeht, dass häufig bereits 20 Prozent der richtig eingesetzten Zeit und Energie 80 Prozent des gewünschten Ergebnisses erbringen.

Praxisgemeinschaft

Zusammenschluss niedergelassener Ärzte zur gemeinsamen Nutzung von Praxiseinrichtung und Personal bei der Behandlung von Patienten, wobei die Praxiskosten nach einem zu vereinbarenden Schlüssel verteilt werden und die jeweiligen Patientengruppen strikt voneinander zu trennen sind, da eine gemeinsame Karteiführung unzulässig ist.

Projekt

Organisationsform zur Lösung einer einmaligen und fest definierten Aufgabe in einem Gesundheitsbetrieb, die ein fachübergreifendes Zusammenwirken erfordert, erhebliche Auswirkungen auf Situation und Abläufe des Gesundheitsbetriebs hat, durch einen festgelegten Anfang gekennzeichnet ist und nach einer Realisierungsphase durch die Zielerreichung beendet wird.

Projektorganisation

Temporäre Form der Aufbauorganisation mit dem Projektleiter, dem Projektteam und einem Lenkungsausschuss, die in Gesundheitsbetrieben in der Regel immer dann zur Anwendung kommt, wenn Neuerungen einzuführen sind, die große Teile des Gesundheitsbetriebs und dessen Mitarbeiter betreffen.

Projektvereinbarung

In ihr werden die personelle Besetzung der Projektgruppe bzw. weiterer Arbeitsgruppen, die geplante Vorgehensweise, die Terminplanung und der Kostenrahmen sowie sonstige Rahmenbedingungen festgelegt.

Prozessmodellierung

Grafische Darstellung der Abläufe, mit den Zielen, die Prozesse zu dokumentieren und Kenntnisse über sie zu erlangen, gleichzeitig aber auch, um neue Organisationsstrukturen einzuführen, Abläufe umzugestalten oder zu straffen und organisatorische Veränderungen zu begleiten.

Relevanzbaum-Analysetechnik
Eignet sich insbesondere für Problemstellungen mit großer Komplexität und versucht ähnlich wie die Ursache-Wirkungs-Analyse, die Problemstellung zu strukturieren.

Selbstaufschreibung
Stellt die Erstellung von Berichten durch die Mitarbeiter über ihre ausgeführten Arbeiten dar.

Selbstmanagement
Konsequente und zielorientierte Anwendung bewährter Arbeitstechniken in der täglichen Praxis, um sich selbst und die eigenen Arbeits- und Lebensbereiche zu führen und zu organisieren.

Stablinienorganisation
Wird in erster Linie eingesetzt, um den Nachteil der Überlastung der Führungskräfte zu mindern, wobei ihre Vorteile der einheitliche Instanzenweg, die Entlastung der Linieninstanzen durch die Stabsstelle und die klare Zuständigkeitsabgrenzung sind.

Stelle
Kleinste organisatorische Einheit zur Erfüllung von Aufgaben im Gesundheitsbetrieb, besitzt Eigenschaften (Aufgabe, Aufgabenträger, Dauer, Abgrenzung), beinhaltet den Aufgabenbereich einer Person, bezieht sich auf die Normalkapazität eines Mitarbeiters mit der erforderlichen Eignung und Übung und bezieht sich auf eine gedachte, abstrakte Person, nicht auf einen bestimmten Mitarbeiter.

Stellenarten
Richten sich nach Befugnisumfang (beispielsweise Entscheidungsbefugnis, Anordnungsbefugnis), Aufgabenart (beispielsweise Ausführungsaufgaben, Leitungsaufgaben) und Aufgabenumfang (beispielsweise Hauptaufgabe, Nebenaufgabe).

Stellenbeschreibung
Formularisierte Fixierung aller wesentlichen Merkmale einer Stelle, die der aufbauorganisatorischen Dokumentation, der Vorgabe von Leistungserfordernissen und Zielen an den Stelleninhaber sowie der Objektivierung der Lohn- und Gehaltsstruktur durch Angabe von Arbeitsplatz-/ Stellenbezeichnung, Rang, Unter- und Überstellungsverhältnis, Ziel des Arbeitsplatzes/der Stelle,

Stellvertretungsregelung, Einzelaufgaben, sonstige Aufgaben,
besondere Befugnisse, besondere
Arbeitsplatz-   /Stellenanfor-
derungen etc. dient.

Stellenbesetzungsplan
Ausweis der personalen Besetzung der eingerichteten Stellen,
aus dem die Stellenbezeichnungen sowie die Namen der Stelleninhaber hervorgehen.

Umweltrecht
Umfasst die rechtlichen ökologischen Rahmenbedingungen und
ist nicht in einem einheitlichen
Umweltgesetzbuch geregelt,
sondern besteht aus einer Vielzahl von Einzelgesetzen, die
durch Verordnungen oder auch
durch allgemeine Verwaltungsvorschriften konkretisiert und
dem jeweiligen Kenntnisstand
entsprechend angepasst werden.

Ursache-Wirkungs-Analyse
Untersucht Kausalitätsbeziehungen, indem Problemursachen
und ihre Auswirkungen in einem Diagramm grafisch dargestellt werden, wobei mit Pfeilen
in der Regel die Abhängigkeiten
zwischen im Gesundheitsbetrieb
auftretenden Problemen und den
identifizierten Ursachen aufgezeigt werden.

Vorgang
Im Sinne der Definition des
*REFA Verband für Arbeitsstudien
und Betriebsorganisation e. V.* der
auf die Erfüllung einer Arbeits-
aufgabe ausgerichtete Arbeitsablauf im Gesundheitsbetrieb, bei
dem eine Mengeneinheit eines
Leistungsauftrages erzeugt wird.

Wertschöpfungsketten-
diagramm
Wird bei der Modellierung von
Kernprozessen aus Teilprozessen und Elementarprozessen
erzeugt, stellt ein Modellierungsmodell dar, welches für
den Gesundheitsbetrieb beispielsweise Managementprozesse, medizinische, pflegerische
Leistungserstellungsprozesse
sowie Unterstützungsprozesse
zusammenfasst, und mit dessen
Hilfe sich Verbesserungen bei
Liegezeiten, Wartezeiten, Arbeitszeiten im Management der
Prozesse ermitteln lassen.

Zeitaufnahme
Ermittlung von Soll-Zeiten
durch Messen und Auswerten
von Ist-Zeiten, wobei nach *REFA*
die gemessenen Ist-Zeiten dokumentiert, anschließend ausgewertet und die gemessene
Leistung einer Bezugsleistung
(Normalleistung) gegenübergestellt werden, die von jedem

geübten und voll eingearbeiteten
Mitarbeiter auf Dauer und als
Durchschnittsleistung einer
Schichtzeit im Gesundheitsbe-
trieb erbracht werden kann.

Zeitmarken
Dienen beispielsweise zur Terminierung des Behandlungsprozesses und zur Verfolgung des
Patientenweges zur, in und aus

der Behandlung, wobei je Zeitmarke für die Verfeinerung der
Terminierungen die entsprechenden Start- und Endzeiten,
Wartezeiten sowie eventuelle
Vorkommnisse festgehalten
werden.

Zentralisation
Zusammenfassung gleichartiger
Aufgaben in einer Stelle.

Abbildungsverzeichnis

Tabellenverzeichnis

Literaturhinweise

ABFALLVERZEICHNIS-VERORDNUNG (AVV) vom 10. Dezember 2001 (BGBl. I S. 3379), zuletzt durch Artikel 7 des Gesetzes vom 15. Juli 2006 (BGBl. I S. 1619) geändert

ABFALLWIRTSCHAFTSBETRIEB MÜNCHEN (AWM): Der richtige Umgang mit Abfällen aus dem Gesundheitswesen, Gewerbe-Information des Abfallwirtschaftsbetriebes München – Medizinische Abfälle, Faltblatt, Februar 2009

ÄRZTLICHES ZENTRUM FÜR QUALITÄT IN DER MEDIZIN (ÄZQ): Evidenz in der Medizin, http://www.medizinevidenz.de/; Abfrage: 22.07.2010

ALTEN- UND PFLEGEHEIM ANLAGENRING GMBH, FRANKFURT A. M.: Ökologisches Verständnis - Der Umgang mit Abfällen, http://www.anlagenring.de/f_oekologie.html; Abfrage: 26.07.2010

AMMERLAND KLINIK GMBH: Projektmanagement, http://www.ammerland-klinik.de/MB_Qual1_Pat_Projektmanagement.htm; Abfrage: 15.07.2010

ARBEITSGEMEINSCHAFT DER WISSENSCHAFTLICHEN MEDIZINISCHEN FACHGESELLSCHAFTEN (AWMF): Diagnostik und Therapie des Karpaltunnelsyndroms, AWMF Leitlinien-Register Nr. 005/003 (Neufassung: 11/2006), http://www.uni-duesseldorf.de/AWMF/ll/005-003.htm; Abfrage: 22.07.2010

BECKER, H. U. A. (2002): Produktivität und Menschlichkeit, 5. Aufl., Lucius & Lucius-Verlag, Berlin 2002

BETGHE, J.: Zeitabschnitte im OP, http://www.op-inside.de/page31/page22/page22.html; Abfrage: 27.07.2009

BÖSEL, H.: Organisation als soziales System – zwei Ansätze zur Gestaltung und Lenkung, in: v. Stein J. u.a. (Hrsg.): Handbuch Bankorganisation, 2. Aufl.., Gabler-Verlag, Wiesbaden 1995

BORGMANN, S. U. A. (2008): MRSA in Praxis, Pflegeheim und häuslichem Umfeld, in Bayerisches Ärzteblatt 3/2008, 42. Jahrg., Magazin der Bayerischen Landesärztekammer – Amtliche Mitteilungen, München 2008 S. 177ff

BRAUN, G. U. A. (2004): Prozessorientiertes Krankenhaus, Wissenschaftliche Verlagsgesellschaft, Stuttgart 2004

BUNDESWEHRKRANKENHAUS ULM: Controlling und Qualitätsmanagement, http://www.bundeswehrkrankenhaus-ulm.de/portal/a/ulm/ kcxml /04_Sj9SPykssy0xPLMnMz0vM0Y_QjzKLN3KJNzQx9AFJQjjGgSH6kQj xoJRUfV-P_NxUfW_9AP2C3IhyR0dFRQBPLbGc/delta/base64xml/L3d JdyEvd0ZNQUFzQUMvNElVRS82XzJEXzE0NEU!; Abfrage: 20.07.2010

COFONE, M.: Herausforderung Demenz - Innovative Unterstützung für das Heim-Management, http://www.stmas.bayern.de/pflege/stationaer/ pro-demenz.pdf; Abfrage: 21.07.2010

DARKOW, H. (Hrsg.): Altenheim-Hygiene – Abfallentsorgung, http:// www.altenheim-hygiene.de/information/lexikon/abfallentsorgung.html; Abfrage: 26.10.2010

DEUTSCHER ARBEITSKREIS FÜR HYGIENE IN DER ZAHNMEDIZIN (HRSG.): Hygieneleitfaden, 7. Ausgabe 2006, http://dahz.org/DAHZ_ Hygieneleitfaden_7_Ausgabe_2006%5b1%5d.pdf; Abfrage: 26.07.2010

DEUTSCHE KRANKENHAUSGESELLSCHAFT E.V.: Krankenhausstatistik, http://www.dkgev.de/media/file/5431.Foliensatz_Krankenhausstatistik_ 20090108.pdf; Abfrage:14.07.2010

DEUTSCHES KRANKENHAUS-INSTITUT (DKI): DKI- Herbstkongress 2010, http://www.dki.de/index.php?TM=0&BM=4&LM=1&semnr=7506; Abfrage: 08.07.2010

DR. SCHWECKENDIEK GMBH KLINIK KG, Marburg, http://www.hno-klinik.de/content/Historie_51.html, Abfrage: 14.07.2010

EIFF V., W. U. A. (HRSG.) (2001): Geschäftsprozessmanagement – Methoden und Techniken für das Management von Prozessen im Krankenhaus, Verlag Bertelsmann Stiftung, Gütersloh 2001

FLEßA, S. (2007): Grundzüge der Krankenhausbetriebslehre, Oldenbourg-Verlag, München 2007

FRODL, A. (2010): Gesundheitsbetriebslehre, Gabler GWV Fachverlage, Wiesbaden 2010

FRODL, A. (2008): BWL für Mediziner, Walter DeGruyter Verlag, Berlin u. a. 2008

FRODL, A. (2007): Management-Lexikon für Mediziner, Schattauer-Verlag, Stuttgart 2007

FRODL, A. (2004): Management von Arztpraxen: Kosten senken, Effizienz steigern - Betriebswirtschaftliches Know-how für die Heilberufe, Gabler GWV Fachverlage, Wiesbaden 2004

FRODL, A. (2000): Organisation, Quintessenz Verlag, Berlin u. a. 2000

FRODL, A. (1999): Organisation der Zahnarztpraxis, in: Börkircher, H. u. a. (Hrsg.) Unternehmen Zahnarztpraxis, Loseblattsammlung, Springer Verlag, Heidelberg u. a., ServiceJournal November 1999 / ServiceJournal Februar 2000

FRODL, A. (1999): Organisation in der Arztpraxis, 2. Aufl., Hippokrates Verlag, Stuttgart u. a.

FRODL, A. (1995): Praxisorganisation, Georg Thieme Verlag, Stuttgart u. a. 1995

GEFAHRSTOFFVERORDNUNG (GefStoffV) vom 23. Dezember 2004 (BGBl. I S. 3758, 3759), zuletzt durch Artikel 2 der Verordnung vom 18. Dezember 2008 (BGBl. I S. 2768) geändert

GEMEINSCHAFTSKLINIKUM KEMPERHOF KOBLENZ - ST. ELISA- BETH MAYEN GGMBH: Betriebsort Klinikum Kemperhof Koblenz, http://www.gemeinschaftsklinikum.de/bilder/gemeinschaftsklinikum/or ganigramm_kemperhof_010309.pdf; Abfrage: 13.07.2010

GESELLSCHAFT FÜR OPERATIONS RESEARCH – OR IM GESUND- HEITSWESEN AN DER UNIVERSITÄT DES SAARLANDES, CWIKLA, N. U. A.: Prozessoptimierung im Krankenhaus am Beispiel Klinischer Pfade und Terminplanung an einer deutschen Universitätsklinik, http://www.gor-hcm.de/htdocs/abstracts/Vortrag-%20Cwikla- Schmidt.pdf; Abfrage:14.07.2010

GESETZ ZUR MODERNISIERUNG DER GESETZLICHEN KRANKEN- VERSICHERUNG (GKV-Modernisierungsgesetz - GMG) vom 14.11.2003 (BGBl. I 2190), zuletzt durch Artikel 1 des Gesetzes. vom 15.12.2004 (BGBl. I 3445) geändert

GESUNDHEITSBERICHTERSTATTUNG DES BUNDES: Ad-hoc-Tabellen, http://www.gbe-bund.de/, Abfrage: 24.04.2009

GREILING, M.: Systematisches Konzept zur Erstellung Klinischer Pfade, in: ITeG IT-Messe & Dialog im Gesundheitswesen 04/05, Frankfurt a. M. 2005, S. 25f

HACKELBERG, R.: Kostenminimierung durch Abfallmanagement im Krankenhaus -Vorgehensweise und Problembereiche beim Aufbau der Entsorgungslogistik, http://www.krankenhausoekologie.de/Okologie/Abfall/Abfall.html; Ab- frage: 02.09.2009

HAMMER, M. U. A. (1995): Business Reengineering - Die Radikalkur für das Unternehmen, 5. Aufl., Campus-Verlag, Frankfurt a. M. u. a. 1995

HAUBROCK, M. U. A. (HRSG.) (2009): Betriebswirtschaft und Management in der Gesundheitswirtschaft, 5. Auflg., Huber Verlag, Bern 2009

IMAI, M. (1986): KAIZEN - The Key to Japan's Competitive Success, MCGRAW-HILL PROFESSIONAL, New York 1986

INFEKTIONSSCHUTZGESETZ (IfSG) vom 20. Juli 2000 (BGBl. I S. 1045), zuletzt durch Artikel 2a des Gesetzes vom 17. Juli 2009 (BGBl. I S. 2091) geändert

INSELSBERG-KLINIK TABARZ, M. WICKER GMBH U. CO. OHG, Tabarz/Thüringen, http://www.inselsberg-klinik.de/, Abfrage: 14.07.2010

KAMILLUS-KLINIK ASBACH, http://www.kamillus-klinik.de/; Abfrage: 14.07.2010

KLINIKUM DEGGENDORF, http://www.klinikum-deggendorf.de/fh/index. php?link=html/a_klinikum/20-grusswort.htm; Abfrage: 14.07.2010

KNORR, K. U. A. (Universität Zürich): Prozessmodellierung im Krankenhaus, http://wi99.iwi.uni-sb.de/Folien/Sek05_Knorr.PDF; Abfrage: 14.07.2010

KRAMES, S. (2008): Reorganisation im Gesundheitswesen, VDM Verlag Dr. Müller, Saarbrücken 2008

LÄNDER-ARBEITSKREIS ZUR ERSTELLUNG VON HYGIENEPLÄNEN (BÜHLING, A. U.A.): Reinigungs- und Desinfektionsplan für Alten- und Altenpflegeheime (Muster), http://www.cultus.info/downloads/ Rahmen-Hygieneplan.pdf; Abfrage: 26.07.2010

LAUTERBURG, CH. (1980): Organisationsentwicklung – Strategie der Evolution, in: io Management-Zeitschrift 1/1980, 49. Jahrgang, Verlagsgruppe Handelszeitung, Zürich 1980.

LEWIN, K. (1975): Die Lösung sozialer Konflikte, 4. Auflg., Christian-Verlag, Bad Nauheim 1975.

MEDIZINPRODUKTE-BETREIBERVERORDNUNG (MPBetreibV) in der Fassung der Bekanntmachung vom 21. August 2002 (BGBl. I S. 3396), zuletzt durch Artikel 4 des Gesetzes vom 29. Juli 2009 (BGBl. I S. 2326) geändert

MEIßNER, T. U. A. (2009): Organisation und Haftung in der ambulanten Pflege, Springer Verlag, Berlin 2009

MUEHLENBERG, K. U. A. (2002): Interdisziplinäre Aufnahmestation – Effektives Instrument zur Behandlungssteuerung, in: Deutsches Ärzteblatt, Heft 51-52, 99. Jahrg., S. 3453

MVZ LEVERKUSEN, http://labmed-berlin.com/index.php?id=52; Abfrage:13.07.2010

NEUMANN, F. (2005): Prozessmanagement in der Computertomographie unter Anwendung der Netzplantechnik, Dissertation, Klinik für Strahlenheilkunde der Medizinischen Fakultät der Charité – Universitätsmedizin Berlin 2005, S. 66

PHAM, P. (2007): Auswirkungen der Einführung klinischer Pfade auf den Behandlungsverlauf, insbesondere Organisation, Aufwand und Kosten; Dissertation zur Erlangung eines Grades eines Doktors der Medizin der Medizinischen Fakultät der Universität des Saarlandes, Institut für Medizinische Biometrie, Epidemiologie und Medizinische Informatik, Medizinische Fakultät der Universität des Saarlandes, Homburg/Saar, 2007, http://www.uniklinikum-saarland.de/mediadb/Uniklinik_Homburg/Kliniken/Allgemeinchirurgie/Behandlungspfade/Dissertation_Pham_Tam.pdf; Abfrage: 27.07.2009

PROKSCH, U.: Prozessoptimierung durch moderne Krankenhaus-Informations- und Workflowsysteme (Vortragsunterlage eHealth: Innovations- und Wachstumsmotor für Europa – Potenziale in einem vernetzten Gesundheitsmarkt – Münchener Kreis 18.02.2005), http://www.imi.med.uni-erlangen.de/team/muenchner_kreis.pdf; Abfrage:14.07.2010

REFA VERBAND FÜR ARBEITSSTUDIEN UND BETRIEBSORGANISATION E. V. (HRSG.) (1993): Methodenlehre der Betriebsorganisation - Lexikon der Betriebsorganisation, Carl-Hanser-Verlag, München 1993, S. 195

REIF, K.(2007): Entwicklungsprozesse in der Krankenhausorganisation, VDM Verlag Dr. Müller, Saarbrücken 2007

RICHTLINIEN ÜBER DIE BERÜCKSICHTIGUNG VON UMWELTGESICHTSPUNKTEN BEI DER VERGABE ÖFFENTLICHER AUFTRÄGE (Umweltrichtlinien Öffentliches Auftragswesen – öAUmwR) Bekanntmachung der Bayerischen Staatsregierung vom 28. April 2009 Az.: B II 2-5152-15

ROBERT-KOCH-INSTITUT (RKI): Richtlinie 5.3 „Anforderungen der Hygiene bei Operationen und anderen invasiven Eingriffen", http://www.rki.de/ cln_151/nn_201414/DE/Content/Infekt/Krankenhaushygiene/Kommissio n/Downloads/Op__Rili,templateId=raw,property=publicationFile.pdf/O p_Rili.pdf; Abfrage: 22.07.2010

ROBERT-KOCH-INSTITUT (RKI): Richtlinie über die ordnungsgemäße Entsorgung von Abfällen aus Einrichtungen des Gesundheitsdienstes (Stand: Januar 2002), http://www.rki.de/cln_151/nn_201414/DE/Content/ Infekt/Krankenhaushygiene/Kommission/Downloads/LAGA-Rili,templateId=raw,property=publicationFile.pdf/LAGA-Rili.pdf; Abfrage: 21.04.2009

RÜEGG-STÜRM, J. U. A. (2008): Prozessmanagement im Krankenhaus: Spielarten und deren Wirkungsweisen, in: Schweizerische Ärztezeitung I Bulletin des médecins suisses I Bollettino dei medici svizzeri, 39/2008, 89. Jahrgang, Schwabe-Verlag, Muttenz (CH), S. 1674f.

STADTGESUNDHEITSAMT FRANKFURT A. M.: Musterhygieneplan für die Belange einer Praxis für Allgemeinmedizin, http://www.hygiene-inspektoren-rlp.de/gesetze/Musterhygieneplan_Praxis_Allgemeinmedizin.pdf; Abfrage: 26.07.2010

STÄDTISCHES KLINIKUM KARLSRUHE: Stabstelle Organisationsentwicklung, http://www.klinikum-karlsruhe.de/ueber-uns/geschaeftsbereiche/organisationsentwicklung.html; Abfrage: 20.07.2010

STÄDTISCHES KLINIKUM MÜNCHEN (STKM), Geissler, C.: Prozessmanagement im Krankenhaus – Prozessoptimierung durch Einführung horizontaler Hierarchien, http://www.klinikum-muenchen.de/proconti/ files/doclib//$KLINIKUM-MUENCHEN/QM/Forum2007/workshops_sessions/15_Q_Forum_Prozesse_Geissler_2007.pdf; Abfrage:14.07.2010

STATISTISCHES BUNDESAMT: Gesundheitsberichterstattung des Bundes – Gesundheitsversorgung, http://www.gbe-bund.de/gbe10/abrechnung. prc_abr_test_logon?p_uid=gast&p_aid=&p_sprache=D&p_knoten=TR14 501; Abfrage: 22.06.2009

STATISTISCHES BUNDESAMT: Kennzahlen zum Thema Gesundheit, http://www.statistischesbundesamt.de/, Abfrage: 24.04.2009

STIFTUNG KRANKENHAUS FÜRSTENHAGEN: Wie die Stiftung entstand, http://www.stiftungkf.de/wie_die_stieftung_entstand.shtml; Abfrage: 14.07.2010

ST. HEDWIG-KRANKENHAUS, BERLIN, http://www.alexius.de/St__Hedwig-Krank.833.0.html; Abfrage: 14.07.2010

SWISSLOG HOLDING AG: Krankenhaus-Prozesse, http://www.swisslog.com/de/index/hcs-index/hcs-services/hcs-departments.htm;   Abfrage: 14.07.2010

TRUMMER, G.: Schlanke Prozesse im Krankenhaus, http://www.dekv-ev.de/Termine/Patientenmanagement%20Berlin%202008.pdf;   Abfrage: 21.07.2010

UNIVERSITÄTSKLINIKUM HAMBURG-EPPENDORF, http://hh.juris.de/hh/UniKlSa_HA_rahmen.htm; Abfrage: 14.07.2010

UNIVERSITÄT WIEN, Kooperationsprojekt „Qualität im Krankenhaus", Modellprojekt   OP-Organisation,   Patientenbezogene   Zeitmarken, http://www.univie.ac.at/qik/mp3/patzm.pdf; Abfrage: 22.07.2010

Stichwortverzeichnis

Aktuelle Schwerpunkte, Dynamiken und Trends im Gesundheitssektor ↗

Anforderungen an das Krankenhausmanagement im Rahmen von Status und Dynamik des Gesundheitssektors

Im Sinne von Geschäftsentwicklung mit dem Anspruch eines beiderseitigen strategischen win-win-Gefüges zwischen Krankenhaus und Industrie konzentriert sich das Buch auf konkrete Verbesserungen für ein arbeitsteiliges, professionelles Forschungsmanagement der Medizin und auf innovative Managementkriterien für Entscheider in einer zunehmend globalisierten Gesundheitswirtschaft.

Ralph Kray
Strategische Allianzen im Gesundheitssektor
Kooperation und Koordination zwischen Krankenhaus und Industrie
2009. 133 S. Br. EUR 29,90
ISBN 978-3-8349-1297-8

Der Patient wird mündig – so gelingt Kliniken und Ärzten die Kommunikation auf Augenhöhe

Namhafte Praktiker zeigen in diesem Buch anhand ihrer Projekte und Erfahrungen, mit welchen Werkzeugen Mediziner und Manager in ihrem Umfeld eine nachhaltige, kohärente Kommunikationskultur etablieren können, und warum diese - überwiegend nicht monetäre - Investition Ressourcen und Fähigkeiten erzeugt, die der Organisation wettbewerblich zugute kommen.

Christoph Koch (Hrsg.)
Achtung: Patient online!
Wie Internet, soziale Netzwerke und kommunikativer Strukturwandel den Gesundheitssektor transformieren
2010. 222 S. Br. EUR 34,95
ISBN 978-3-8349-2072-0

So wird aus guter Medizin eine gute Dienstleistung.

Die Gesundheitswirtschaft wird immer stärker zu einem Markt, in dem Mediziner, Krankenhäuser oder MVZ immer deutlicher als Anbieter auftreten. Vor diesem Hintergrund analysiert dieser Band die Rolle und Handlungsmöglichkeiten der Patienten im Gesundheitssystem und diskutiert, welche Voraussetzungen für eine größere Handlungsbefähigung von Patienten als Kunden geschaffen werden müssen.

Andrea Fischer / Rainer Sibbel (Hrsg.)
Der Patient als Kunde und Konsument
Wie viel Patientensouveränität ist möglich?
2011. 210 S. Br. EUR 34,95
ISBN 978-3-8349-2056-0

Änderungen vorbehalten. Stand: Februar 2011.
Erhältlich im Buchhandel oder beim Verlag

Gabler Verlag . Abraham-Lincoln-Str. 46 . 65189 Wiesbaden . www.gabler.de

The manufacturer's authorised representative in the EU is Springer
Nature Customer Service Centre GmbH, Europaplatz 3, 69115 Heidelberg,
Germany. If you have any concerns regarding our products, please
contact ProductSafety@springernature.com

Printed and bound by CPI Group (UK) Ltd, Croydon, CR0 4YY

28/04/2026

02098491-0002